I0154528

# Camino Hacia la Libertad - Volumen 2

# Camino hacia la libertad

Un Perenigraje por la India

Volumen 2

por
Swami Paramatmananda

Mata Amritanandamayi Center, San Ramon
California, Estados Unidos

# Camino hacia la Libertad,
Un Peregrinaje por la India — Volumen 2

*Publicado por:*
Mata Amritanandamayi Center
P.O. Box 613
San Ramon, CA 94583
Estados Unidos

————— *On the Road to Freedom 2 (Spanish)* —————

Copyright © 2001 Mata Amritanandamayi Mission Trust, Amritapuri, Kerala 690546, India

Todos los derechos reservados. No se permite la reproducción total o parcial de este libro, ni su incorporación a un sistema informático, ni su transmisión, reproducción, transcripción o traducción a ninguna lengua, en ningún formato y por ninguna editorial.

Primera edición por MA Center: septiembre de 2016

En España: www.amma-spain.org
fundación@amma-spain.org

En la India:
inform@amritapuri.org
www.amritapuri.org

Este libro se ofrece con toda humildad a
Sri Mata Amritanandamayi
Encarnación de la Madre Divina,
con profunda devoción, respeto y alabanzas

*gurucaraṇāmbuja nirbhara bhaktaḥ*
*saṁsārād acirād bhava muktaḥ |*
*sendriya mānasa niyamād evaṁ*
*drakṣyasi nijahṛdayasthaṁ devam ||*

Dedicado por completo a los pies de loto del Gurú, libérate
pronto del proceso de transmigración.

Así, a través de la disciplina de los sentidos y del control
de la mente, mira la Deidad que reside en tu corazón.

Bhaja Govindam v.31

# Contenido

# Introducción

Hace ahora diecinueve años que apareció la primera parte en inglés de Camino hacia la libertad y que fue publicada en español en el año 2003. Trataba esa narración de mi desarrollo espiritual y de los viajes que me llevaron a encontrar a mi maestra espiritual, Mata Amritanandamayi, conocida como Amma. Fue ella la que sugirió la redacción de ese libro, en el que explicaba cómo me interesé por la espiritualidad a partir de una vida completamente materialista, propia de un adolescente americano. Esa búsqueda me llevó a Japón, Nepal y, finalmente, a la India. Durante los once primeros años de mi estancia en la India, tuve la oportunidad de vivir en compañía de diferentes santos, de verdaderos sabios que habían alcanzado las elevadas cumbres espirituales. Pero, en 1979, por la misteriosa acción de la gracia divina, conocí a Amma que pertenecía a otra categoría.

Se trata de un ser que ha conseguido la unión permanente con Dios a una edad muy temprana. Lo más insólito en ella es su completo auto-sacrificio, utilizando su poder espiritual para aliviar el sufrimiento de los demás y acoger al mayor número posible de personas. En un primer momento, se preocupa de sus sufrimientos físicos o mentales, y posteriormente los guía hacia el despertar espiritual y el gozo divino. Amma tiene el poder de hacerlo, sin que importe el número de personas que recibe, pues no conoce límites en ese sentido. La he visto permanecer sentada durante doce horas y dar su bendición a veinticinco mil personas, acogiendo a todos de un modo particular. Lo más sorprendente es que cada una de esas personas parecía, a continuación, aliviada de su sufrimiento o interiormente transformada. La brevedad del abrazo, no le resta poder a éste, ni disminuye su carácter benéfico. Amma sabe lo que cada uno necesita. Su conocimiento procede de su intuición, y es infalible. La paz y el amor que emanan de ella no son de este mundo. Después de haberla conocido y observado, se llega a la conclusión de que la Madre Divina existe realmente y que se preocupa, en verdad, de sus hijos y de la creación.

Este libro empieza allí donde acababa el anterior. Trata exclusivamente de la vida que he pasado cerca de Amma. Contiene numerosas anécdotas todavía inéditas de Amma. Muchos lectores han opinado que la primera parte de este relato constituía una buena presentación de Amma para aquellos que no la conocían. En este segundo volumen se intenta dar a conocer a los lectores las vías misteriosas y llenas de gracia de Amma, así como su enseñanza luminosa. Si de alguna manera lo consigo, será únicamente por su gracia. Todos los errores son míos y todo lo que posee algún valor procede de ella.

Estoy en deuda con Swami Amritaswarupananda por facilitarme los detalles de la liberación del gran devoto Ottur Unni Nambudiripad.

Ojalá las bendiciones de todos los devotos de Amma me otorguen, en esta corta vida, un poco de devoción hacia sus pies de loto.

Al servicio de Amma,
Swami Paramatmananda

Amma con Swami Paramatmananda - 1980

# Capítulo 1

# *¿Quién es Amma?*

Cuando me fui a vivir cerca de Amma, estaba lejos de imaginar que un día sería tan conocida en toda la India y en el mundo entero. Pensaba que las pocas personas que vivíamos en la pequeña aldea de Vallickavu disfrutaríamos de su compañía por siempre. Sin embargo, conforme pasaban los años, la Madre nos fue transmitiendo una idea clara del futuro que aguardaba a ese lugar. Una noche, mientras paseaba por el ashram, me admiraba de la extraordinaria transformación que había experimentado todo el entorno desde los sencillos inicios de aquellos "buenos y viejos días". Lo que empezó como una pequeña cabaña trenzada con palmas de cocoteros con cuatro de nosotros viviendo allí, ahora se había convertido en un conjunto de enormes edificios, que albergan a cientos de visitantes. Un día, en los primeros años, mientras la Madre y yo estábamos sentados frente a la sala de meditación mirando el patio, se volvió hacia mí y dijo: "El otro día, durante mi meditación, vi que surgían muchas habitaciones de este lugar, y en cada una de ellas había practicantes espirituales meditando".

"¿Cómo es posible Madre?", objeté. "No tenemos dinero para comprar el terreno. Y aunque pudiéramos comprarlo milagrosamente, ¿cómo íbamos a construir los alojamientos?"

"Hijo, los senderos de Dios son misteriosos. Si esa es su Voluntad, Él lo arreglará. Debemos aceptar su Voluntad y cumplir con nuestro deber".

Poco después, un devoto compró una parcela colindante con el ashram y se la dio a la Madre. A continuación, otro devoto emprendió la construcción de un edificio que gradualmente se convirtió en el templo actual y en el albergue de visitantes del ashram. Las palabras de la Madre resultaron ser proféticas.

En aquellos tiempos, el número de visitantes era reducido y la Madre podía sentarse a menudo bajo los árboles para meditar o hablar de forma sosegada con los devotos. Hoy son miles los devotos de todo el mundo que acuden a diario al ashram y la Madre sólo puede dar *darshan* durante unas horas determinadas. *Darshan* es el tiempo durante el cual la Madre se encuentra con aquellos que desean verla y contarle sus problemas. Durante el resto del día, le resulta complicado salir de su habitación, ya que cuando lo hace, una multitud la envuelve, solicitándole bendiciones y suplicándole que los alivie de sus enfermedades y pesares.

Amma es reverenciada en todo el mundo como uno de los pocos santos accesibles que están establecidos en *sahaja samadhi*, el estado natural de unión con la Realidad Trascendental, el Ser. El único adjetivo que puede describir adecuadamente a la Madre es el de "misterioso". Uno puede vivir cerca de Amma durante muchos años y creer que lo ha comprendido todo sobre ella pero, repentinamente, en su presencia, nuestra mente puede quedar confundida y aturdida por los modos impredecibles y misteriosos de Amma, ya que proceden de una fuente trascendental. La tradición cuenta que únicamente un Alma Realizada puede reconocer a un Alma Realizada. Tras la Autorrealización, a nadie le crecen cuernos, ni aparece ningún signo físico evidente. Tampoco se pasean los sabios espirituales con un letrero colgando del cuello que diga "Soy una Alma Liberada", aunque algunas almas corrientes lo hagan. Lo que proclaman estas últimas no está nada claro, pero lo que sí resulta certero es que no se encuentran libres de toda identificación del cuerpo con la mente. De lo contrario, no necesitarían hacer ese tipo de declaraciones. En el *Bhagavad Gita*, hay una conversación entre el Señor Sri Krishna y su devoto Arjuna, en la que tratan sobre cómo reconocer a un sabio. Arjuna pregunta:

> *"¿Cuál es, Oh Kesava (un nombre de Krishna), la marca del hombre de Sabiduría invariable, asentado en Samadhi (el Estado Supremo)? ¿De qué forma habla, se sienta y camina?"*

El Señor le contesta:

> *"Oh Partha (otro nombre para Arjuna), cuando un hombre abandona todos los deseos de su corazón y encuentra satisfacción en el Ser por el Ser, entonces se dice que está establecido en la Sabiduría. Aquel cuya mente no se ve perturbada por la adversidad, aquel que no anhela la felicidad, que se encuentra libre de todo apego, del miedo y la ira; ese es el Sabio de Sabiduría constante. Quien se encuentra desapegado de cualquier lugar, que no se deleita con el bien, ni se entristece con el mal; está establecido en la Sabiduría".*
>
> *Bhagavad Gita, II, 54-57*

Resultaría pretencioso intentar etiquetar a la Madre, puesto que no participamos de su Estado de Amor Universal y Bienaventuranza. Somos incapaces de mostrar un amor ecuánime e igual a un gran número de personas, tal como ella hace, y tampoco podemos sacrificar todo nuestro tiempo, salud, sueño y comodidad por el bienestar del mundo. Podemos, tras una enorme inversión de tiempo y energía, ayudar en cierta medida a uno o dos amigos o parientes cercanos. Sin embargo, la Madre transforma las vidas de todos aquellos que encuentra. Conoce y comprende el pasado, presente y futuro de quienes se acercan a ella, los reconforta y les da consejo desde la luz del conocimiento. Aquellos que se han sentado a su lado durante seis u ocho horas, mientras da pacientemente *darshan* a diez o veinte mil personas, saben lo que eso significa. Es algo que debe verse y no puede describirse. A pesar de que sea complejo entender el estado de la Madre, podemos conjeturar quién es. Durante mi vida con Amma, he sido testigo de varios hechos que me han convencido de que aquella a quien llamamos Amma, es la Madre Divina del Universo, la Gran Madre Kali.

A finales de los años 70 y principios de los 80, un gran sabio deambulaba por Kerala, cerca de la aldea de Amma. Fue la primera persona que verdaderamente comprendió quién era Amma, y manifestó abiertamente que era la Madre Divina. Se llamaba Prabhakara Sidha Yogi y era un *avadhuta* (un sabio que ha trascendido la conciencia del cuerpo). Por tanto, se encontraba más allá de cualquier norma o regla establecida por el hombre o la religión. Los *avadhutas* han alcanzado la Realización de Dios, que es el fruto y propósito de lo prescrito en las Escrituras. En consecuencia, no se preocupan por nadie y pasan su vida gozando de la Felicidad Suprema, de la unión con la Conciencia Absoluta, que es su auténtico Ser Verdadero. A estas personas se las suele considerar locas o endemoniadas, y se compara su comportamiento al de un idiota o al de un niño. No obstante, sus acciones poseen un profundo significado interior y, según dice la Madre, sólo pueden ser comprendidos por aquellos que están en el mismo plano de Realización. En las antiguas Escrituras, existen muchas historias sobre los *avadhutas*, de ellas son muy conocidas las de

Jadabharata[1] y Dattatreya[2]. Para mantenerse a cierta distancia de la gente, aparentan ser unos incultos, aunque en realidad se encuentran establecidos en Dios. El *yogi* que se presentó ante Amma se ajustaba perfectamente a esta descripción.

A Prabhakara Siddha Yogi se le conocía por la zona desde hacía más de cien años. Los viejos de la aldea solían contar historias a sus hijos y nietos sobre sus extraños comportamientos. Sus defensores afirmaban que tenía más de trescientos años y decían que se podía probar por los viejos archivos del gobierno local. Fuera cierto o no, la verdad es que no había ninguna duda sobre su extraña e impredecible conducta, ni sobre el aura espiritual que lo envolvía. La Madre nos dijo que tenía muchos *siddhis* o poderes sobrenaturales. Concretamente nos habló de su

---

[1] Jadabharata fue un rey en su vida anterior. Renunció a su reino y familia y se retiró a los bosques al norte del Nepal con el fin de centrarse en la práctica espiritual. Alcanzó un estado elevado, aunque no la completa Autorrealización, ya que le sucedió un hecho lamentable que afectó a su vida espiritual.
Un día, mientras estaba meditando, escuchó el rugido de un león y al abrir sus ojos, vio a una cierva preñada y asustada cruzando a saltos un arroyo. El feto se desprendió y cayó en el río, y poco después la madre del cervatillo moría. Jadabharata sintió compasión por el cachorro y lo rescató, cuidándolo con mucho afecto y cuidado. Desgraciadamente, se apegó al animal y, en sus últimos suspiros, en lugar de centrar su pensamiento en Dios, lo hizo en el ciervo. En consecuencia, renació inmediatamente como ciervo. En su nueva vida como ciervo, pudo recordar el incidente que padeció en la anterior, gracias a los efectos positivos de su previa espiritualidad. Entonces retornó a su lugar de retiro anterior y esperó el momento de la muerte pensando en Dios.
En su siguiente nacimiento fue el hijo de un brahmán y de nuevo lo recordó todo. Actuó como un idiota para que todo el mundo lo evitara y, de esta manera, no desarrollar ningún tipo de apego hacia nadie y no distraerse de la Realización Divina.
[2] Dattatreya era el hijo de un sabio y se le consideraba una de las antiguas encarnaciones del Señor Vishnu. Vivió como un *avadhuta* e instruyó en la espiritualidad a célebres reyes de la época. Se le conoce muy bien por el discurso que dio ante el Rey Parlada, en el que comparó veinticuatro tipos de criaturas con veinticuatro tipos diferentes de principios espirituales. Se dice que continúa vivo y se aparece a los devotos sinceros.

costumbre de abandonar un cuerpo y ocupar otro. En los *Yoga Sutras* de *Patanjali*, a este poder de entrar en el cuerpo de otro ser se le denomina *parasarira pravesa siddhi*.

En la tradición hindú, se cuenta la vida de un gran renunciante o monje del siglo IX llamado Shankaracharya que tenía este *siddhi* o poder. Era un Alma Realizada establecida en la supremacía del *Vedanta Advaita* o filosofía de la No-dualidad, que enseña que sólo existe una única Realidad llamada *Brahman*, lo Absoluto, y es Esto lo que aparece como Dios, el mundo y el alma individual. Esto es nuestro Ser Real o Naturaleza Verdadera. Shankaracharya escribió elaborados comentarios sobre el *Bhagavad Gita*, los *Upanishads* y los *Brahma Sutras*, además de componer numerosos himnos devocionales a Dios, y todo ello antes de cumplir los treinta y dos años, edad en la que se sentó en *samadhi* y abandonó su envoltura corporal. Durante sus viajes alrededor de la antigua India, debatía con los más grandes eruditos de cada lugar con el fin de probar la verdad del Advaita. Un día, una mujer sabia lo desafió para que debatiera sobre la ciencia del erotismo. Shankaracharya, como era célibe desde su niñez, no tenía conocimiento alguno sobre la materia, así que pidió se le concediera un mes para prepararse para el debate, a lo que su contrincante accedió.

Shankaracharya no tenía la intención de ganarse una mala reputación, pues era un célebre maestro y un *sannyasin* o monje. Por tanto, pensó en una alternativa. Al descubrir que el rey de aquel lugar acababa de morir, confió su cuerpo al cuidado de sus discípulos y entrando en un trance yóguico, dejó su envoltura corporal para entrar en la del rey. Naturalmente, todos se sorprendieron al ver cómo el rey volvía a la vida, pero a pesar de todo estaban encantados con su regreso, en especial las reinas consortes. Con este nuevo cuerpo, Shankaracharya se entregó a los placeres sexuales y adquirió el conocimiento que precisaba. Las reinas y cortesanas se dieron cuenta de que el rey se había convertido, de forma extraña, en un ser mucho más inteligente que antes de su muerte, por lo que llegaron a la conclusión de que un gran yogi había entrado en el cuerpo del rey muerto. Al no querer perderlo, enviaron mensajeros a todos los rincones del reino con órdenes de quemar el cuerpo de cualquier monje muerto y evitar, de esta forma, que el alma que moraba en el cuerpo del rey pudiera regresar a su anterior estado. Afortunadamente, Shankaracharya descubrió la estratagema y volvió a su propio cuerpo justo a tiempo. Gracias a los conocimientos recientemente adquiridos, pudo derrotar en el debate a la mujer que lo desafió.

De forma similar, Prabhakara Siddha Yogi disfrutaba viviendo en la tierra como un *avadhuta* y no quería malgastar su tiempo entre nacimientos, ni esperando a que creciera su cuerpo después de nacer. Así que cuando un cuerpo se volvía viejo y débil, lo abandonaba para entrar en otro "recién hecho". De esta forma, pasó mucho tiempo trasladándose de un cuerpo a otro. La Madre, al enterarse de la existencia de este ser, tuvo el deseo de verlo y pensó en él. Al día siguiente, el *yogi* se presentaba en su casa.

"¿Me llamaste?", preguntó.

"Sí. ¿Cómo lo supiste?", le preguntó la Madre.

"Ayer vi una luz resplandeciente en mi pantalla mental y comprendí que querías verme, y por eso he venido", dijo.

Por aquel entonces, este *avadhuta* había adquirido una mala reputación por incordiar a las mujeres, exhibiéndose desnudo ante ellas y persiguiéndolas, sin importarle para nada las consecuencias de dicha conducta. Cuando le criticaban por sus acciones, replicaba: "¿Por qué voy a preocuparme por las mujeres de este mundo, si siempre me encuentro rodeado por un grupo de damas celestiales que me adoran? Yo no tengo la culpa de que no las podáis ver". Un día comentó a sus seguidores: "Siento una ligera presencia de ego en mi cuerpo y creo que debo hacer algo para trascenderlo". Poco después marchó a una aldea cercana y allí preguntó por el jefe de policía. Tras averiguar su domicilio, llamó a la puerta de su casa y permaneció allí a la espera. Finalmente, la mujer del policía abrió y el *avadhuta* la estrechó contra su cuerpo, dándole un efusivo abrazo. Como era de esperar, este hecho no fue del agrado de su marido, quien arremetió contra él dándole una paliza con todas sus fuerzas. Lo dejó con uno de sus brazos fracturado y lo encerró. Misteriosamente, al día siguiente, el yogi desapareció de la celda y lo encontraron en otro lugar en perfecto estado. Debido a su comportamiento, cada vez que se acercaba a un poblado, las mujeres cerraban las puertas de sus casas y los hombres se congregaban para golpearlo o expulsarlo de allí. Si en estos momentos, el lector se pregunta por qué un yogi se comporta de tal forma, la Madre le diría que sólo pueden saberlo aquellos que se hallen en ese estado. Desde el punto de vista de una persona corriente no resulta comprensible ninguna explicación, pues el yogi no se identificaba con su cuerpo, y además estaba totalmente desapegado de este mundo. Su conducta puede parecer un tanto inconcebible para quienes todavía seguimos dormidos en este sueño ilusorio.

De acuerdo con su naturaleza, el *yogi* trató de hacer lo propio con la Madre, que en aquel tiempo tenía unos veinte años. De inmediato, Amma agarró fuertemente su mano y le dijo: "¿No sabes quién soy? ¡Conocí a tu padre, a tu abuelo y a tu bisabuelo!"

"Oh, sí, eres la Divina Madre Kali. ¡En el futuro, vendrá gente de todo el mundo a este santo lugar para recibir tu *darshan*!", dijo el *yogi* con una sonrisa llena de dicha. Entonces la Madre le dio un entrañable abrazo, lo que le hizo entrar en *samadhi* durante bastante tiempo. Amma lo consideraba como un ser establecido en el Estado Trascendental de Felicidad y le tenía una gran estima. No obstante, Amma pensó que su presencia y ejemplo ejercerían una mala influencia en todos sus hijos que, en un futuro, vendrían a buscarla, y decidió que no regresara por allí. De hecho, no se le vio después por el ashram. En la celebración de su trescientos cumpleaños decidió abandonar su cuerpo. Reunió a sus seguidores y sólo les dijo una cosa, que fueran a Vallickavu y le comunicaran a la Madre Kali que se había ido. Tal era su respeto y amor por Amma.

Cuando conocí a la Madre por vez primera, había ido a visitarla un profesor de matemáticas que hizo de traductor entre nosotros. Permanecí en casa de la familia de Amma cuatro o cinco días y, después, volví a Tiruvannamalai. Tras mes y medio allí, decidí volver a Vallickavu y quedarme para siempre. Durante mi última estancia en Tiruvannamalai, soñé una noche que me encontraba sentado en el templo de la Madre durante el *Devi Bhava*. Amma me sonreía, mientras señalaba a una persona que se encontraba a mi lado y me preguntaba si lo conocía. Al contestarle que no, Amma me dijo que esa persona poseía un alto grado de desapego y devoción. Tras esas palabras, me desperté e inmediatamente llamé a un amigo que se encontraba conmigo para que anotara todo el sueño en su diario, precisando el día y la hora. Quería conservar esta información de una forma detallada, pues pensé que tal vez había ocurrido algo en Vallickavu.

A los tres días, recibí una carta del matemático en la que decía: "El domingo fui a Vallickavu y recibí el *darshan* de la Madre. Durante el *Devi Bhava*, mientras me encontraba sentado junto a Amma, le pedí que te diera *darshan,* a pesar de que te encontrabas en Tiruvannamalai. Entonces me pidió que cogiera el tridente que utiliza en ocasiones durante el *Bhava darshan* y dijo que iba a darte el *darshan*. Era medianoche. ¿Tuviste alguna experiencia en ese momento?" ¡Precisamente fue en la medianoche del domingo cuando tuve aquel sueño en el que aparecía la Madre en *Devi Bhava*! Esta misma persona tuvo un sueño muy vívido días después. Soñó que se le aparecía Amma diciéndole que me hiciera comprender que ella era la encarnación de la Madre Divina.

En cierta ocasión, la Madre mantuvo la siguiente conversación con unos devotos. Sus palabras, en un tono de humor y desprovistas de ego, venían a indicar quién es verdaderamente ella.

Amma: Incluso antes de la Creación, el Señor Shiva se refirió a lo que era inevitable. Y después, dio las oportunas instrucciones sobre cómo se debía vivir aquí en este mundo.

Pregunta: ¿Qué quieres decir con todo esto, Madre?

Amma: Antes de la Creación, Shakti (la Naturaleza Primordial, la Energía Cósmica) escuchó una voz que le decía: "En la Creación, únicamente existe sufrimiento; no debes llevarla a cabo". Era la voz de Shiva (la Conciencia Pura). Shakti le replicó: "Es necesario que se haga". Así pues, incluso antes de la Creación, Shiva ya insinuó a Shakti sobre cual sería la naturaleza de la Creación. Tan sólo después de haberle hecho esta advertencia, Él le dio permiso para crear.

Tras la Creación, Shiva, el aspecto de la Conciencia Pura, se retiró. Realmente no tenía nada que hacer respecto a todo lo que estaba sucediendo. Más tarde, Shakti corrió en su busca, quejándose: "No tengo paz. Mira, todos mis hijos me están reprendiendo, me acusan de todo y nadie me atiende".

Shiva dijo: "¿No te dije que todo iba a suceder de esta forma y te previne de llevar a cabo la Creación? Ahora has creado un gran alboroto y debes afrontarlo. ¿No eres tú la responsable de todo lo acontecido? Cuando me encontraba sólo no había ningún problema y, mira ahora".

Amma: Cuando a veces aquí, en el ashram, decae el anhelo que siente un hijo por Dios, la Madre no puede soportarlo y siente un gran dolor. En esos instantes, la Madre dice a sus hijos: "¡Ay!, Shiva ya me dijo que no me separara de Él y que no me ocupara de todo esto. Mirad lo que tengo que sufrir ahora". (Echándose a reír.) ¿Cómo voy a ir ahora a quejarme? Me diría: "¿Acaso no te lo advertí antes?"

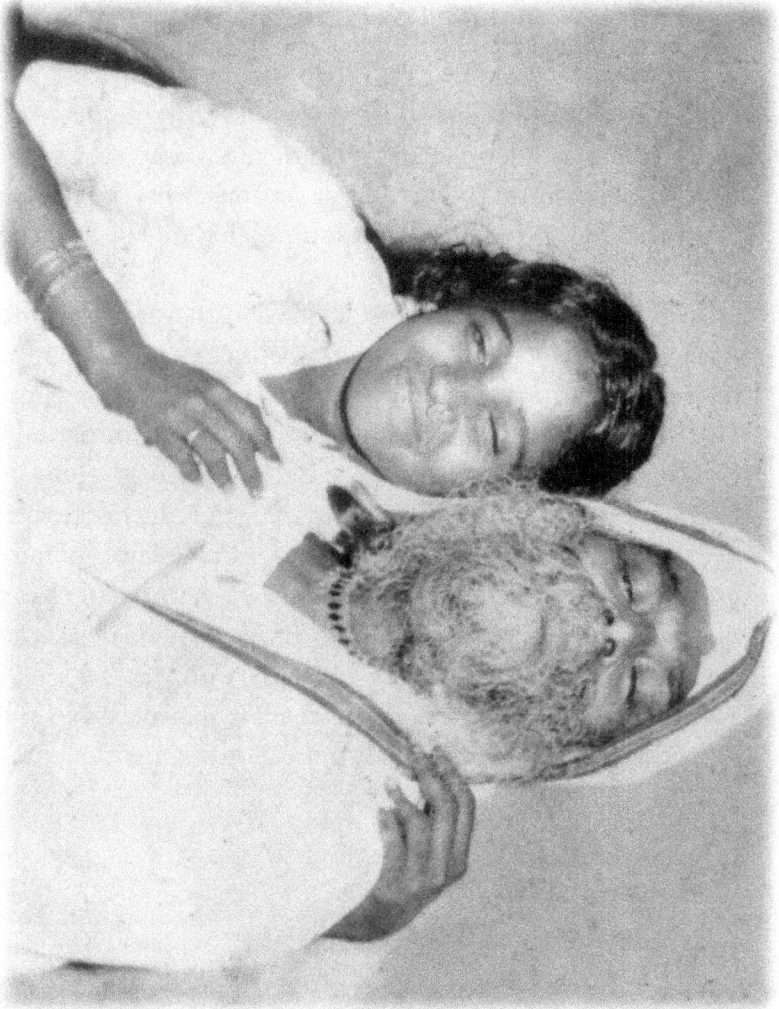

Amma con Prabhakara Siddha Yogi

Recuerdo una vez en la que unos devotos le preguntaron a Amma sobre su Realización de la Verdad. En aquellos días, la Madre se refería a sí misma como "una niña loca" que no sabía nada. Sin embargo, en esa ocasión fue mucho más explícita sobre sí misma y dijo: "Amma nunca ha sentido que sea diferente de su verdadera Naturaleza Infinita. No ha habido ni un solo momento en que ella no fuera Eso. El tan aludido instante de la realización no es más que un redescubrimiento, como si se retirara la envoltura. Jamás un *Avatar* deja de ser consciente de su verdadera naturaleza. Un *Avatar* es la personificación de la Conciencia en todo su esplendor, gloria y plenitud".

"El espacio está ahí, antes de que construyas la casa, y continúa existiendo incluso después de haberla edificado. La única diferencia es que ahora la casa está en el espacio, existe en el espacio. La casa ocupa un pequeño espacio dentro de la inmensidad del espacio. Y cuando se destruye la casa, el espacio continúa ahí. La casa viene y va, pero el espacio permanece durante los tres períodos del tiempo: pasado, presente y futuro. El redescubrimiento de la propia naturaleza al levantar el velo, sólo se da en aquellas almas que han evolucionado, paso a paso, hasta el estado de la Conciencia Suprema. Pero esto no es aplicable a un *Avatar*. Un *Avatar* es como el espacio, vive siempre en esa Conciencia. No se da un aprendizaje ni una realización, pues ellos son eternamente Eso".

# Capítulo 2

# *Los días anteriores a la creación del ashram*

E l ashram no ha sido siempre tan tranquilo como ahora. Poco después de que Gayatri y yo llegáramos de Tiruvannamalai para instalarnos cerca de Amma, en enero de 1980, alguien intentó envenenar a la Madre durante el *Krishna Bhava*, por viejas envidias que sentían los aldeanos hacia ella. Había oído hablar de otros atentados contra su vida, pero en esta ocasión me encontraba allí como testigo.

Al final del *Krishna Bhava*, Amma siempre bebía un poco de leche traída por los devotos. El Señor Krishna, después de todo, había sido famoso por su amor hacia los productos lácteos, especialmente leche y mantequilla. Una noche, la Madre cayó terriblemente enferma después de beber un poco de leche. Terminó el *Krishna Bhava*, pero a continuación se puso a vomitar repetidamente. A pesar de su estado, comenzó el *Devi Bhava* poco después, tal como acostumbraba entonces. Antes de entrar en el templo, los devotos le suplicaron que descansara y que cancelara el *darshan*, pero ella les respondió: "Hijos, la mayoría de los que han venido al *darshan* son muy pobres. Muchos son trabajadores que apenas obtienen un jornal diario. Gracias a que ahorran diez o veinte céntimos cada día, pueden conseguir el dinero suficiente para visitar a la Madre una vez al mes. Aunque no poseen una gran comprensión de lo que es la espiritualidad, vienen a buscar un poco de alivio, a escuchar una palabra amable y consoladora de la Madre; y si se les dice que vuelvan otro día, tendrán que esperar un mes más hasta ahorrar lo necesario para una segunda visita. Además, algunos devotos acuden desde muy lejos y solo pueden venir al *darshan* una o dos veces al año. Se disgustarían mucho si se interrumpiera el *darshan*. No quiero que estén tristes por mi propio bienestar. Dejad que Amma continúe con el *darshan* hasta donde le sea posible. Si después sufre algún desmayo, habrá que aceptarlo como voluntad de Dios".

La Madre se sentó para el *Devi Bhava*, pero las puertas del templo tuvieron que cerrarse cada vez que Amma se ponía a vomitar. Para los que estábamos dentro con ella, resultaba muy doloroso presenciar aquel sufrimiento por el bien de los devotos. Al final, cuando concluyó el *darshan*, Amma se cayó al suelo en el momento en que Gayatri se postraba ante ella y se cerraban las puertas del templo.

Entonces la Madre reveló la verdad de todo lo sucedido. Nos dijo que al final del *Krishna Bhava*, una devota le había ofrecido un poco de leche, tal como era costumbre. En esta ocasión, sin embargo, la leche había sido envenenada por la persona que le había vendido la leche a la devota. Amma dijo que el lechero era un ateo contrario a la Madre, que envenenó la leche cuando se enteró de que iba a serle ofrecida durante el *Krishna Bhava*. Sin ser consciente de este hecho, la mujer se la había ofrecido. Amma nos confesó que supo que se trataba de leche envenenada en cuanto la vio. Atónitos, le preguntamos por qué se la había bebido.

Ella nos dijo: "Cuando la devota ofreció la leche, la Madre no la aceptó porque sabía que estaba envenenada. Pero ante esa negativa, la devota se disgustó mucho y comenzó a gemir. Ella era inocente. Entonces, sintiendo pena por ella, la Madre se bebió la leche. Los devotos vienen con gran ilusión a traer las ofrendas, y si la Madre las rechazara se afligirían mucho. Por tanto, la Madre tuvo que beberse la leche sin tener en cuenta el veneno. No os preocupéis, hijos, pues la Madre se pondrá pronto bien". Entonces Amma se retiró agotada y sintiendo un gran dolor. Bhaskaran, un gran devoto de la Madre Divina que vivía cerca, se sentó junto a Amma durante toda la noche y estuvo cantando historias de la Diosa hasta el amanecer. ¡Qué voz! Incluso sin entender sus palabras, pude sentir su gran devoción. Por la calidad de su voz, se podía afirmar que realmente era un excelente trovador.

Bhaskaran veía a la Madre como si fuera su propia hija, pero durante los *Bhavas* la veía respetuosamente como un receptáculo del Señor Krishna y de la Madre Divina. A lo largo de los años, tuvo muchas experiencias maravillosas por la gracia de la Madre. Para ganarse la vida, solía viajar de pueblo en pueblo aceptando lo que le dieran por el recitado del *Srimad Bhagavatam* y de otras Escrituras. Cuando se enteró de los *Krishna Bhavas* de Amma, vino a presenciarlos varias veces, pero sin estar del todo convencido de que estuviera ante el mismo Krishna. Una noche tuvo un vívido sueño, en el que Krishna se le apareció y le dijo: "Hijo, has vagado de pueblo en pueblo llevándome bajo tu brazo *(Srimad Bhagavatam)* durante tantos años ¿y qué has conseguido? Ahora estoy aquí delante de tus ojos en Krishna Nada (la casa de la Madre) y no me reconoces. ¡Qué insensato!". Bhaskaran se despertó sobresaltado. Desde entonces, vino con regularidad al *Krishna Bhava*. Un día, cuando regresaba de un pueblo cercano, pasó junto al estanque de un templo y se sintió atraído por las flores de loto que crecían en él. Pensó: "Qué bello sería si pudiera ofrecer una de estas flores a Krishna". Fue a ver al sacerdote del templo y le expresó su deseo. Tras concederle permiso, cogió una de aquellas flores y comenzó su camino hacia la casa de la Madre. Por el camino se encontró con un niño encantador que le pidió la flor. Bhaskaran se encontraba ante un dilema. Sentía un inexplicable deseo por complacer a aquel muchacho y hacer que se sintiera feliz; pero, al mismo tiempo, sentía que no estaba bien dar a un ser humano algo que estaba destinado al culto de Dios. Finalmente se dejó llevar por su corazón frente a su sentido del deber, y le dio la flor al muchacho. Cuando llegó al ashram, la Madre ya estaba en *Krishna Bhava*. Tan pronto entró en el templo, ella lo llamó a su lado y sonriendo le preguntó: "¿Dónde está la flor?" El corazón de Bhaskaran se sobresaltó y no pudo decir ni una sola palabra. Después, la Madre le golpeó afectuosamente en la cabeza y le dijo: "No te preocupes, ese niño al que le diste la flor era Yo, Krishna".

Una noche, casi al final del *Devi Bhava*, Bhaskaran estaba sentado fuera del templo. La madre lo llamó adentro, lo bendijo y le dio una varita de incienso encendida. Entonces le dijo que se marchara a su casa inmediatamente. Sólo eran las diez de la noche y la Madre terminó el *Devi Bhava* poco después. No era algo normal porque, incluso los días de poca afluencia de devotos, el *darshan* continuaba hasta la una o las dos de la madrugada. Después del *darshan* nos sentamos alrededor de la Madre, y dijo: "Esta noche uno de mis hijos va a morir". Nos miramos los unos a los otros con cierto recelo y temor. "¿Quién es, Madre?", le preguntamos. Pero la Madre no contestó. Nos fuimos a la cabaña y nos acostamos para descansar. De pronto oímos unos gemidos lastimosos que venían del otro lado del pueblo. La Madre se levantó inmediatamente y se quedó fuera, de pie, mirando atentamente hacia la casa de Bhaskaran. Luego nos llamó y todos fuimos hacia allí. Tan pronto como entramos en la casa, la esposa de Bhaskaran dejó de llorar y les pidió a sus hijos que se callaran porque había llegado Amma. Tal era la consideración que sentía hacia la Madre, pues hasta en aquella situación de extremo dolor insistía en demostrar un gran respeto hacia ella. El cuerpo de Bhaskaran yacía sin vida sobre una alfombra en el suelo. La Madre preguntó cómo había sucedido. Su mujer le dijo: "Llegó a casa, comió y se tumbó diciendo que sentía un poco de dolor en el pecho. A los pocos minutos abandonó su cuerpo". Nos quedamos todos sentados allí un rato y luego seguimos a la Madre de regreso al ashram. De camino, le preguntamos: "Bien, Madre, ¿cuál va a ser su destino después de la muerte?" La Madre contestó con una ligera sonrisa iluminando su cara: "¿Adónde podría ir, sino al mundo de la Diosa?"

En aquellos días, Amma solía salir del templo y bailar en éxtasis, sujetando una espada y un tridente, al principio del *Devi Bhava*. Verdaderamente se asemejaba a la feroz forma de la diosa Kali, con su lengua colgando por fuera y emitiendo un tremendo rugido por su boca. Algunas veces entraba en éxtasis y rodaba por el suelo dando grandes carcajadas. Al ver a la Madre en aquel estado, teníamos la sensación de que no podíamos comprenderla en absoluto. Durante esos momentos debíamos poner un especial cuidado en cómo interpretábamos la música. Tenía que tener exactamente el ritmo y la melodía correctos.

Una noche, mientras la Madre danzaba, cometí un error mientras tocaba el armonio, un pequeño instrumento que es como un órgano de bombeo. La Madre corrió hacia mí y lanzó su espada sobre el armonio. Al ver la espada bajar, alejé inmediatamente mi mano, y suerte que lo hice, pues rasgó el instrumento justo donde hacía un momento tenía puesta mi mano. El que estaba a mi lado tocando las tablas o tambor también se equivocó en el ritmo y... ¡no tardó en caer la espada por segunda vez cortando la cabeza del tambor! Estábamos asustados y un poco disgustados. Evitamos a la Madre durante el resto de la noche, pensando que ella estaba enfadada con nosotros. Sin embargo, después del *darshan*, nos dijo en un tono amoroso: "Cualquiera que sea mi estado, siempre soy vuestra Madre. No hay razón alguna para tener miedo. No estaba enfadada por mí, sino por los seres sutiles que estaban disfrutando de la música".

"¿Qué quieres decir, Madre?", le preguntamos.

"Durante la danza, muchos seres vienen a verme en ese estado. Los veo como pequeños puntos de luz intermitente. Se quedan completamente absortos con el ritmo y melodía de la música. Al cometer un error, se produce un terrible impacto en todo su sistema. Imaginad que estáis dichosamente absortos en una bonita melodía y, de pronto, los músicos empiezan a desafinar. ¿Cómo os sentiríais? ¿Acaso no os resultaría muy doloroso? Esa es la razón por la que me enfadé con vosotros al ver su dolor.

Llegados a este punto, puede ser muy oportuno tratar sobre los planos sutiles de la existencia. Igual que tenemos un cuerpo físico hecho de carne, huesos y nervios; tenemos un cuerpo sutil, hecho de pensamientos y sentimientos llamado mente, y un cuerpo causal en el que la mente se sumerge en un profundo sueño. Dios también tiene esos diferentes cuerpos, pero en una escala universal. Tanto la Madre como las antiguas Escrituras de la India, señalan que esta tierra solo es la manifestación más grosera del Cuerpo Universal del Ser Cósmico. Hay muchos otros planos de existencia que no podemos ver con nuestros ojos físicos y que están poblados por un número infinito de almas vivientes. Es de allí de donde venimos al nacer, y es allí a donde iremos tras dejar este cuerpo físico. Como el Señor Krishna dice en el *Bhagavad Gita*:

*"Oh Partha, ni en este mundo ni en el próximo puede haber destrucción para él; porque el que hace el bien, hijo mío, nunca sufrirá. Desviado del yoga, ese hombre va al mundo de los justos y tras habitar allí un número ilimitado de años, renace en una casa de gente pura y buena. O puede renacer en una familia de yoguis sabios, aunque un nacimiento así es verdaderamente difícil en este mundo. Ahí entra en contacto con el conocimiento que había adquirido en su cuerpo anterior y se esfuerza, más que antes, por alcanzar la perfección, Oh hijo de los Kurus".*

*VI, 40-43*

Aquellos cuya conciencia se ha vuelto quieta y sutil, gracias a una continua disciplina espiritual, pueden ver estos mundos sutiles. Allí también existen seres benignos y seres perjudiciales. Igual que la gente aquí en la tierra, poseen diversos grados de poder espiritual. Todos los "donuts" pueden parecer iguales por fuera, pero por dentro los hay que tienen crema, que están rellenos de mermelada o bien de chocolate. De forma parecida, la parte interna o cuerpo sutil de los seres vivientes varía de acuerdo con su evolución espiritual. Todos han sido creados iguales, pues poseen la misma chispa de divinidad, conciencia y vida. Pero, aparte de eso, difieren de un alma a otra.

En los primeros días del ashram, mucha gente solía venir a la Madre para ser liberados de la posesión de seres sutiles. Algunos de estos seres están en un estado emocional doloroso. Los hay que están extremadamente hambrientos o sedientos, y son incapaces de satisfacer sus necesidades. Por tanto, esperan una oportunidad para contactar con seres del plano físico de la existencia y obtener, de esa manera, un poco de alivio a su sufrimiento. Para librarse de ellos, mucha gente contrata exorcistas o "hechiceros de magia blanca" que conocen varios *mantras* para hacer que estos seres se vayan.

Poco antes de irme a vivir con la Madre, había conocido a una chica que estaba poseída por un ser sutil muy poderoso. Ella y su pobre familia habían estado viviendo en un apartamento alquilado, en un edificio en el que también había otros inquilinos. Por alguna razón, uno de los vecinos sintió compasión por esta familia y les construyó una casita que les ofreció como regalo. Desgraciadamente, otro de los inquilinos del mismo edificio sintió celos por su buena suerte, y decidió matar al padre utilizando magia negra. Acompañado de un hechicero, fue a la casa y llamó a la puerta; pero, en lugar de abrir el padre, fue la chica la que abrió la puerta. Nada más abrir, la muchacha sintió que la golpeaba una tremenda fuerza y cayó al suelo. Desde ese día tuvo una sensación de vacío interno que, gradualmente, se convirtió en la voz de un hombre que hablaba dentro de ella. Cada vez que alguien se le acercaba con la intención de liberarla de esa posesión, el espíritu maligno comenzaba a enrollar las tripas de la muchacha como si se tratara de una toalla mojada, y le provocaba tal dolor que los gritos se podían escuchar a una milla de distancia.

Al cabo de un tiempo, el espíritu maligno le dijo que, en su vida anterior, había sido un virtuoso *brahmin* que había vivido en una cabaña a la orilla de un río sagrado y practicaba meditación. Un día, alguien lo visitó y le dejó un libro de magia negra para que lo leyera. Al principio no estaba interesado, pero después sintió curiosidad y empezó a leerlo. Empezó a practicar los *mantras* prescritos para ver si realmente podía controlar las fuerzas del plano sutil. Al final, sus experimentos le llevaron a destruir muchas vidas desgraciadas y, también, la suya propia. La familia de la chica lo intentó todo para liberarla de la posesión, pero sin conseguirlo. Pasado un tiempo, la chica oyó otra voz que le decía que quien le hablaba era su Gurú familiar y que la salvaría, si su madre hacía voto de ayuno hasta que el espíritu maligno fuera vencido. Cuando se enteró la madre, decidió hacer ayuno manteniéndose a base de agua y zumo de limón. A los pocos días, la madre se debilitó tanto que murió, dejando al padre y a la abuela cuidando de la chica que, por aquel entonces, vivía postrada en cama. Obviamente, la voz no era del Gurú familiar, sino del embustero espíritu maligno.

Como me sentía muy apenado por esta familia, le conté la historia completa a la Madre y le pregunté si podía hacer algo para ayudarles. Ella respondió: "Pídeles que vengan aquí. Ningún espíritu maligno es tan poderoso como la Diosa. Seguramente, la muchacha se sentirá aliviada".

Transmití las palabras de la Madre a su familia por medio de una carta, pero nunca recibí respuesta. Trasladar a la chica era casi imposible, pues el ser maligno empezaría a torturarla todavía mucho más. ¡Qué terrible destino! Tal vez ya había muerto cuando les llegó mi carta.

Una noche, un hombre que estaba sufriendo mucho por problemas físicos, vino al ashram durante un *Devi Bhava*. Había visitado varios médicos en las últimas semanas, pero ninguno podía ayudarle. Oyó hablar de Amma, el refugio de los indefensos, y vino a visitarla. En ese momento, me encontraba en el templo y oí por casualidad que la Madre le preguntaba si alguien de su familia había muerto recientemente por una picadura de serpiente. Él respondió que precisamente su hermano había muerto de una picadura de cobra hacía tan solo unas pocas semanas. La Madre le preguntó si habían hecho los rituales funerarios, y descubrió que, por alguna razón, el hombre no había realizado los rituales prescritos para el difunto. Amma le dijo que sus problemas físicos se los causaba su hermano difunto, quien le estaba llamando la atención por su grave situación en el otro mundo, pues precisaba de los ritos funerarios. Luego la Madre le pidió que se sentara en el suelo frente a ella. La Madre tiró una gran cantidad de flores en el aire sobre la cabeza del hombre, sonriendo todo el tiempo y mirando al aire sobre él. Me mantuve con la mirada fija sobre el mismo lugar; pero, por supuesto, no pude ver nada. El hombre se marchó cuando la Madre terminó este ritual. Más tarde, nos enteramos de que se había liberado de su problema.

Otro día de *Bhava darshan*, estaba sentado junto a la Madre cuando un devoto vino para recibir *darshan*. Nada más poner su cabeza sobre el regazo de Amma, su cuerpo empezó a temblar. La Madre me miró con una sonrisa en su cara e hizo una señal con la mano, parecida a la de una serpiente con su capucha abierta. Bruscamente, el hombre saltó y comenzó a rodar por el suelo. Se arrastró, de espaldas, hasta fuera del templo e inmediatamente volvió de nuevo a rastras. Estaba tumbado sobre su espalda, con los ojos mirando hacia la puerta del templo y la mirada apartada de la Madre. Ella indicó con la mano que saliera del templo y, aunque él no podía ver el gesto de Amma, se arrastró inmediatamente sobre su espalda y salió fuera. Al cabo de un rato volvió, comportándose de forma normal. Más tarde, la Madre me dijo que este hombre solía estar poseído por un *naga*, un ser sutil relacionado en ese plano de existencia con la familia de las cobras. Estos seres se enfadan mucho cuando se mata alguna cobra y causan bastantes problemas a quienes lo hacen. Para la Madre, todos los planos de existencia son visibles, y no se sorprende ni se asusta por nada de lo que ocurre en ellos. Lo ve todo como su propio Ser, bajo diferentes formas, igual que un soñador ve un sueño como la proyección de su propia mente.

A principios de 1960, ocurrió un fenómeno inusual en un pequeño pueblo de Andhra Pradesh, uno de los estados de la India. Un aldeano caminaba por el campo cuando se encontró frente a una cobra blanca en medio del camino. Como nunca había visto u oído hablar de cobras de ese color, pensó que tal vez se tratara de un ser sobrenatural bajo esa forma. Creyó que era el Dios Subrahmaniam, el hijo del Señor Shiva. Colocó su prenda superior en el suelo, frente a la serpiente, y rezó: "Si eres el Señor Subrahmaniam, por favor, súbete en esta tela y te llevaré a un templo". Se sintió sorprendido cuando la serpiente se puso sobre la tela y se mantuvo dócil mientras la llevaba al templo de Shiva que había en el pueblo. Tras colocarla en el suelo, el hombre se quedó observando cómo la serpiente se deslizaba en el estanque junto al templo, tomaba su baño y se dirigía hacia el santuario interior. Primero hizo un círculo en torno a la imagen de Ganesha y luego se enrolló alrededor del *Shiva lingam*, manteniendo su capucha erguida.

Al enterarse de este fenómeno, acudió muchísima gente de los pueblos cercanos para ver a la asombrosa serpiente. Los días pasaban, y la serpiente no comía nada. Al final, alguien vino con la idea de venerarla y le ofreció, como parte del culto, dos copas de leche. ¡Tan pronto se repitieron los *mantras* apropiados, la serpiente se inclinó y se bebió toda la leche! A partir de ese momento, la serpiente se convirtió en el "dios preferido" del pueblo, y aceptaba ser venerada, alimentada, acariciada y mimada hasta por los niños. Cada día se bañaba en el estanque y después de dar la vuelta alrededor de las otras deidades del templo, volvía a tomar su lugar sobre el *lingam*. Empezaron a acudir miles de personas a ese remoto pueblo, por lo que fue necesario construir una carretera, y el gobierno inició un servicio público de autobuses y la instalación de electricidad. Muchos santos fueron a recibir el *darshan* de la serpiente sagrada. Una vez, cuando uno de estos *Mahatmas* estaba sentado frente al templo, cantando y acompañándose del armonio, la serpiente se arrastró desde el santuario interior, trepó sobre el armonio y se deslizó sobre el brazo del sabio, alrededor de su cuello. De nuevo, bajó al suelo y volvió a entrar en el templo, dejando al swami en éxtasis. Este swami era un amigo personal que me relató el incidente con gran emoción.

Un bellaco, celoso por la prosperidad del templo, cogió la serpiente cuando no había nadie y la mató. Después cazó una cobra corriente y, cosiendo su boca, la colocó sobre el *lingam*. Unas horas más tarde, al volver para ver qué había pasado, la serpiente había logrado aflojar los puntos que cerraban su boca y le picó. Aquel hombre no tardó en tener una muerte miserable. Cuando fui a este pueblo y vi las fotos de la serpiente milagrosa que era mimada y adorada hasta por los niños, no me sorprendí de que a veces se produjeran, alrededor de la Madre, incidentes relacionados con divinidades serpientes. Sin duda, hay planos de existencia invisibles a nuestra visión densa.

Una vez, durante uno de los bailes de la Madre en *Devi Bhava*, un hombre vino con la intención de hacerle algún daño. Amma salió del templo, sujetando la espada y el tridente en sus manos, y comenzó a bailar en la explanada situada enfrente. El hombre agarró la espada, intentando arrancársela de la mano de Amma. Aunque no lo consiguió, lesionó la mano de la Madre. Inmediatamente, toda la multitud se abalanzó sobre él, propinándole una soberana paliza. Al ver toda aquella violencia desatada, empezó a temblar mi cuerpo. Amma no tenía posibilidad de verme en ese estado, porque ella estaba bailando en otra parte del recinto, por tanto me quedé sorprendido cuando, al terminar el *darshan*, me miró sonriendo y dijo: "¿Por qué temblabas tanto cuando ese tipo intentó hacerme daño? Ha recibido un castigo inmediato por su delito, y ya no tendrá que sufrirlo después".

Transcurrido un tiempo desde este suceso, se produjo otro ataque en el ashram. Ocurrió al término del *Krishna Bhava*. La Madre se sentía embriagada de gloria mientras los demás cantábamos los nombres divinos del Señor. Amma dio una última mirada amorosa a sus devotos, y luego retrocedió hacia el interior del templo, cerrándose suavemente las puertas ante ella. La música llegó a su fin y el ambiente se fue aquietando. Todos estaban de pie orando en silencio, inmersos en devoción hacia la Madre como Krishna.

De repente, un hombre de aspecto tosco, que se encontraba de pie frente a Gayatri, comenzó a gritar algo. Parecía que estaba borracho. Al grito de guerra de su líder, unos cuantos rufianes se abalanzaron desde el fondo de la multitud y rodearon al padre de Amma. Comenzaron a darle empujones hacia delante y hacia atrás, tirándole las gafas. Sugunanandan se enfureció y les gritó que se marcharan de la propiedad. Inmediatamente, el líder del grupo sacó lo que parecía ser un arma casera: un cinturón con fuertes ganchos de metal sujetos a una punta. Tenía la intención de golpear con él al padre de Amma. Gayatri fue rápidamente hacia delante, le quitó el cinturón de sus manos y salió corriendo para escapar de la cólera de los matones. Varios devotos se adelantaron para protegerla y, en un momento, se originó una gran reyerta. Gayatri consiguió escapar de la pelea, y cerró rápidamente el pestillo de la puerta del templo, dejando a la Madre dentro para evitar que saliera y fuera atacada por alguno de los rufianes. Balu y Srikumar también se apresuraron y acudieron a protegerla. Yo ya me encontraba allí para asistir a la Madre al final del *darshan*. Fuera, se producían ruidos terribles alrededor del templo. Se oían gritos, chillidos y el sonido de objetos lanzados al aire. Dentro del templo, la Madre estaba clamando: "¡Kali! ¡Kali!" e intentaba salir, pero no le dejábamos. La manteníamos por la fuerza dentro para evitar que algún camorrista le hiciera daño. Gayatri fue hacia la parte de atrás del templo, escondió el arma en un montón de tablones y volvió rápidamente para vigilar la puerta del templo. En un minuto, la mitad de los jóvenes del pueblo se presentaron en el lugar, preparados para una reyerta. Los devotos, que normalmente se mostraban pacíficos, ahora estaban dispuestos a batallar por el amor hacia la Madre. Enseguida se vieron las caras unos cincuenta hombres, acompañados por los ansiosos gritos de las mujeres. Parecía una escena sacada del *Mahabharata*.

En realidad, nadie tenía idea de lo que estaba pasando o por qué sucedía. Al cabo de unos veinte minutos, la lucha se apaciguó y los aldeanos comenzaron a dispersarse. Aunque muchos devotos sufrieron lesiones menores, nadie resultó seriamente herido. Cuando Gayatri abrió las puertas del templo, la Madre salió rápidamente, preocupada por todos los que habían sido lesionados. Entre ellos había algún familiar cercano. Amorosamente, acarició a los que tenían magulladuras y ojos morados, y después se dirigió al grupo con estas palabras:

"Hijos, bastantes lugareños son muy hostiles a Amma, y pretenden de alguna manera destruirla a ella y al ashram. Debido a su ignorancia y celos, los jóvenes de unas veinte casas se han reunido esta noche para urdir una treta, en la que han decidido matar a Amma y atacar a sus familiares. Hace dos semanas aproximadamente, Amma advirtió a Sugunanandan sobre la posibilidad de este ataque, aconsejándole que no permaneciera demasiado tiempo fuera. También le aconsejó que no entablara ninguna discusión con nadie, porque Amma presentía que andaban buscando alguna provocación".

Amma se giró hacia Sugunanandan, y le dijo con gran amor: "Aunque la gente te insulte, deberías aprender a mantenerte tranquilo y ecuánime. Nos hemos entregado al Ser Supremo y, por lo tanto, deberíamos aprender a ver a todo el mundo, en cualquier circunstancia, como si fuera Dios. También tenemos que aprender a aceptar los elogios e insultos con el mismo desapego". Sugunanandan parecía un poco asombrado, y contestó: "Sin embargo, un par de esos canallas estuvieron aquí por la mañana diciendo que estaban hambrientos, ¡y les dimos dinero! Y a pesar de eso, han vuelto aquí esta noche para golpearnos". Amma respondió: "Ellos solo muestran su propia naturaleza. Al margen de cómo se comporten, nosotros tenemos que seguir nuestro *dharma* e intentar ver la Divina Unidad en todo".

Amma se dirigió de nuevo a los devotos: "Hijos, tenemos que valorar este suceso como una oportunidad para estudiar nuestra propia mente. No deberíamos exaltarnos ni empezar a dar palos de ciego. Nuestras acciones no tienen que depender de lo que digan esos matones. La paz diamantina que hemos conseguido a través de nuestra *sadhana*, no puede perderse por cacahuetes. La vida espiritual está hecha para abrir el caparazón del ego que cubre nuestro Ser, y no para desarrollarlo todavía más. En circunstancias difíciles como éstas, se requiere una gran fe y paciencia. Dios es nuestro protector. Si confiamos plenamente en Él, Dios cuidará de nosotros. Si conseguimos la ayuda de la abeja reina, todas las demás abejas de su colmena nos servirán y protegerán".

"Hijos, a partir de ahora, todos tenemos que ser más cuidadosos. Evitad las circunstancias en las que podamos perder nuestro equilibrio. Mantengamos nuestros corazones abiertos y confiemos en Dios. Si queremos hacer frente a la ignorancia de esas gentes por la fuerza, solo conseguiremos que vuelvan de nuevo con un espíritu más vengativo. Recordad, hijos, el odio nunca cesa por medio del odio, sino a través del Amor".

Una vez consolados los devotos, la Madre volvió al interior del templo para comenzar el *Devi Bhava*. A muchos de nosotros nos pareció que Amma se mostraba esa noche mucho más compasiva que de costumbre, como si expresara su aprecio por el coraje de los devotos.

Naturalmente, esta reyerta se convirtió inmediatamente en el tema de conversación favorito de los aldeanos y empezaron a surgir todo tipo de rumores. Enseguida supimos que mucha gente echaba toda la culpa de lo sucedido a la Madre. Por ese motivo procuramos no salir de los terrenos del ashram y no acudir, en lo posible, al pueblo. En aquellos días, incluso en circunstancias normales, algunos aldeanos aprovechaban cualquier oportunidad para acosar a Amma. Cada vez que pasaba por delante de sus casas, les decían a los niños que se rieran de ella y le tiraran piedras. Para evitarlo, los discípulos le pidieron a Amma que no diera largos paseos, pero ella no lo aceptó.

A la vista de todo esto, me preguntaba si realmente deseaba vivir en Vallickavu permanentemente. Aquello, más que un ashram, ¡parecía un campo de batalla! ¿Estaba preparado para morir en medio de la lucha? Al final comprobé que no había ninguna otra elección, que no podía volverme atrás y abandonar a la Madre. Como dice el *Bhagavad Gita*, es mejor morir cumpliendo con tu deber, que vivir cumpliendo el deber de otro.

Afortunadamente, esa pelea fue la última de aquellos violentos incidentes. No obstante, con el tiempo, fue creciendo mi aprecio por la ausencia de miedo de la Madre, a medida que su vida me era revelada. Este alboroto fue insignificante respecto a lo que solía suceder en los primeros años del ashram, antes de que yo llegara. Por aquel entonces se llegó a formar el "Comité de los Mil" para destruir a la Madre. Sin protección de nadie ni de su propia familia, Amma se mantuvo firme e intrépida frente al acoso continuo. El Comité, formado por unos mil jóvenes del área costera, se creó por diversos intereses con el fin de provocar un alboroto general. Intentaron presentarla como un fraude y planearon matarla, pero siempre fracasaban estrepitosamente. Algunos miembros del Comité llegaron a convertirse en los más ardientes devotos de la Madre, tras experimentar sus divinos y benévolos poderes. Más tarde, incluso uno de los líderes se casó con una de las hermanas de Amma.

Imaginad si fuérais una adolescente y os encontrárais en la situación de la Madre. Por muchos amigos y familiares que tuviérais, sentiríais miedo si amenazaran vuestra vida. Sin embargo, para la Madre no había nadie a quien temer en este mundo. ¿Qué otra explicación cabe a su gran intrepidez ante aquellas abrumadoras circunstancias? Se debe a su permanencia natural en el estado de conciencia de Unidad con Dios, así como a su conocimiento y experiencia de que este aparente mundo sustancial y el cuerpo que vive en él, no son más que un sueño ilusorio proyectado sobre la indestructible pantalla de la Conciencia. Solo eso puede justificar su destacable valentía, pues no hay otra explicación posible. Algunas personas, nada más comenzar una vida espiritual, dicen sentirse identificadas con Dios; pero, ¿podría alguno de esos impostores mantenerse firme y sin temor ante las circunstancias por las que atravesó Amma? Para saber si algo funciona realmente, hay que probarlo.

En mis primeros días en Vallickavu, no podía hablar el idioma de la Madre, el malayalam. Afortunadamente, Balu (Swami Amritaswarupanda), Srikumar (Swami Purnamritananda) y un padre de familia muy devoto, llamado Krishna Shenoy, solían venir y hablaban inglés fluidamente. El señor Shenoy ha escrito muchas canciones devocionales, muy conmovedoras, y siempre ha invocado la gracia de Amma para que le ayude a superar las dificultades. Algunas veces los devotos se despiertan con la idea de su eterna relación con la Madre. Según dice Amma: "Recordad que todos aquellos que están relacionados con la Madre en esta vida, también lo estuvieron en nacimientos anteriores. Vosotros solo podéis ver esta vida y, por eso, pensáis que no la conocíais de antes. Sin embargo, todos vosotros habéis estado antes con la Madre, aunque nadie recuerde o conozca su conexión con ella en vidas pasadas. Cada uno tiene un tiempo predestinado para acudir a la Madre. Algunos vienen más pronto, otros más tarde, pero cada uno de los hijos de Amma ha estado siempre con ella. Acuden en distintos momentos, algunas veces cuando oyen hablar o ven su fotografía. Otras veces sucede al escuchar una grabación de *bhajans* (canciones) de la Madre. En algunos casos, acuden después de conocer a alguno de sus hijos; mientras que en otros casos reconocen su relación con la Madre sólo a través del contacto directo con ella.

"Algunos pueden decir 'antes de conocer a la Madre…', pero no existe tal cosa. Todos los hijos de la Madre la han encontrado hace ya mucho tiempo. Aunque nadie sea consciente, la protección de la Madre ha estado siempre con ellos".

El primer encuentro de Krishna Shenoy con la Madre cambió totalmente su vida. Cuando tenía cuarenta y cinco años, era un comunista acérrimo. Un día, toda su familia quería ir a ver a la Madre e insistieron para que los acompañara. En un momento de debilidad, aceptó y se presentaron en Vallickavu un día de

*Bhava darshan.* Como llegaron antes de que empezara el *Bhava darshan*, se sentaron bajo un árbol cerca del templo. Había por allí un grupo de chicas jóvenes que estaban hablando y jugando. Todas iban vestidas casi igual, con coloridas camisas y faldas, y parecían ser chicas del pueblo. De repente, el señor Shenoy sintió que una fuerza abrumadora le empujaba hacia una de las chicas. Como en trance, caminó entre el grupo de chicas. Se desvaneció y apoyó su cabeza sobre el regazo de una de ellas, rompiendo a llorar como un niño. Estuvo estirado allí, llorando, durante un buen rato y, finalmente, cuando se sentó totalmente aturdido, la chica lo miró con una sonrisa y le comentó: "Hijo, estaba esperando que vinieras. Ahora no tienes nada de qué preocuparte. Siempre estaré contigo". El señor Shenoy rompió a llorar de nuevo. Después se levantó y fue a sentarse bajo el árbol igual que antes. Su familia le preguntó: "¿Has estado antes por aquí?" Él contestó: "No he estado nunca, es la primera vez que vengo aquí".

"Entonces, ¿cómo supiste cuál era la Madre, si no hay nada que la diferencie de las otras chicas?"

El señor Shenoy dijo: "No tengo ni la más mínima idea de lo que pasó ni de cómo pasó". ¡Imaginad qué hubiese pasado si esa chica no hubiese sido la Madre!

Después de este hecho, se produjo una gran transformación en el señor Shenoy. Cortó toda conexión con sus amigos comunistas y se hizo miembro del Comité de apoyo del templo más cercano a su domicilio. Como aquel templo se encontraba en mal estado, los devotos decidieron construir uno nuevo dedicado a Nagas, una deidad representada con cuerpo de serpiente y cabeza humana. Trasladaron las imágenes sagradas a un lugar cercano y construyeron el nuevo templo. La noche anterior a la consagración del templo, el señor Shenoy vino a Vallickavu para recibir la bendición de la Madre e invitarla a la ceremonia. Llegó durante un *Devi Bhava* y, nada más verlo, la Madre le dijo:

"Ya sé por qué has venido. No te preocupes, pues todo irá bien. Iré delante de ti y haré que mi presencia se deje sentir en el nuevo templo".

El señor Shenoy volvió inmediatamente a su pueblo en el primer autobús que encontró. Fue al templo y vio que, en la puerta del recinto, estaban reunidos todos los miembros del Comité. Se mostraban muy excitados y no parecía que se preocuparan de la preparación del ceremonial; por tanto, les preguntó qué sucedía. Ellos le contestaron:

"Hace aproximadamente una hora, se ha presentado una cobra, se ha deslizado alrededor de las imágenes de Nagas y, después, ha entrado en el templo. La hemos seguido con una linterna pero no la hemos encontrado por ningún sitio. No hay forma de que pueda salir del templo sin ser vista, y ahora hay un fuerte olor a jazmín en el *sanctum sanctorum*".

Cuando acabaron las ceremonias, Krishna Shenoy regresó al ashram de la Madre. Antes de que pudiera comentar algo, la Madre le dijo: "Espero que estés satisfecho con mi aparición en el templo. Llegué allí mucho antes que tú y luego regresé". Ni que decir tiene, que la devoción del Señor Shenoy se reafirmó después de esto y, a su debido tiempo, vino a vivir al ashram.

Una mañana, cuando estábamos todos sentados alrededor de la Madre, Sarasamma, una devota de la Madre que vivía en un pueblo a unas ocho millas del ashram, vino corriendo y se puso a llorar histéricamente sobre el regazo de Amma. La Madre siguió sentada con una dichosa sonrisa en su cara. Al final, Sarasamma se calmó un poco, se sentó e intentó hablar, pero se le hacía un nudo en la garganta. Al cabo de un tiempo, empezó a narrar una experiencia muy interesante que le había ocurrido el día anterior.

Nos dijo: "Salí del ashram con mi hijo Madhu, a eso de las cuatro de la mañana, y tomamos el autobús en Vallickavu. Cuando llegamos a nuestro pueblo sobre las cinco, estaba tan oscuro como la boca de un lobo. Bajé en una parada pensando que era la nuestra y creí que mi hijo se bajaría por la otra puerta del autobús. Pero nada más bajar, el autobús emprendió la marcha y me encontré en un lugar solitario y sin mi hijo. Estaba a unos dos kilómetros de mi casa. Mi hijo me dijo después que, al girarse en su asiento, se sorprendió de no verme en el autobús y se apeó en la siguiente parada, corriendo en mi busca aunque yo estaba bien lejos".

"Perpleja y sin saber qué hacer, recordé las palabras de la Madre al partir: 'Ve con mucho cuidado hoy'. Sostuve con fuerza el *prasad* (comida o flores bendecidas) de la Madre en mi mano derecha. Vi un camión que se paraba a una corta distancia en la carretera y se bajaron unos siete u ocho hombres que vinieron hacia mí. Posiblemente habían visto a una mujer sola bajando del autobús en aquel desolado lugar. Rodeada por estos fornidos pendencieros, estaba temblando de miedo mientras me atosigaban a preguntas utilizando un lenguaje vulgar. Pensé que podían atacarme en cualquier momento y sentí una terrible rabia. ¿Es éste el destino de los que van a ver a la Santa Madre? ¿Es éste el fruto de mi devoción a lo largo de toda mi vida? Estos pensamientos ardían en mi interior, inconsciente de lo que me rodeaba, y grité con toda mi alma: ¡Madre! Aquel grito horrorizó a los pendencieros que me rodeaban.

"Es difícil expresar lo que siguió. De pronto, la forma resplandeciente de la Divina Madre apareció delante de mí con incontables brazos, sujetando varias armas en sus manos. Estaba sentada sobre un enorme animal, y su cara, pelo y corona eran idénticas a las de la Madre durante el *Devi Bhava*. ¡La Madre había adoptado la forma de Kali para salvar a su devota! Al darme cuenta de esto, empecé a desvanecerme. La Divina Madre estiró sus brazos hacia mí. Mientras miraba su forma radiante, mis ojos se quedaron paralizados y comenzaron a sobresalir. Mi lengua empezaba a sobresalir como la de Madre Kali y sentí que una fuerza tremenda impregnaba mi cuerpo, al tiempo que salía de mí una horrorosa risa con el simple recuerdo de los escalofríos que había sentido en mi espina dorsal. El aire tembló con el espantoso sonido de esa risa. Los pendencieros, que estaban a punto de abalanzarse sobre mí, retrocedieron al ver esta temible forma rugiendo con risas, plantada delante de ellos sin miedo, con el pelo despeinado, ojos saltones y protuberante lengua .¡Debieron pensar que yo era un espíritu maligno, en lugar de un ser humano! Debilitada toda su valentía, cambiaron de rumbo y retrocedieron poco a poco. Escabulléndose en el camión, se marcharon a toda prisa.

"Yo no podía moverme, ni siquiera después de que se hubieran marchado. Lentamente, recobré mi conciencia normal mientras se desvanecía la encantada forma de la Madre Kali. Mi cuerpo lo sentía entumecido, como si estuviera paralizado. Pasaron unos minutos antes de poder moverme y lograr que retrocediera la protuberante lengua, y me costó mucho más cambiar mis transfigurados ojos saltones. Solo después de moverlos un rato, sentí que recuperaban su estado normal. Mi garganta me dolía mucho debido a la clamorosa risa. Al mirar hacia abajo, percibí que el *prasad* de la Madre todavía seguía sujeto en mi mano". Mientras escuchaba esta narración, la Madre se mantenía sentada con una graciosa sonrisa dibujada en sus labios, como sabedora de todo.

# Capítulo 3

# *Nacimiento del ashram*

En 1982, el ashram de la Madre se registró como una institución benéfica sin fines lucrativos. Por entonces, el ashram estaba formado por unas diez personas, incluyendo a la Madre. Cuando Gayatri y yo vinimos a establecernos en Vallickavu, a principios de 1980, solo un *brahmachari*, que se llamaba Unnikrishnan, se quedaba allí a tiempo completo. Era un devoto de la Madre Divina que dejó su casa y se convirtió en un monje errante. En 1976 se convirtió en el primer hijo espiritual de la Madre, y continuó llevando una vida austera, ocupado en el ritual diario de culto a la Divina Madre en el pequeño templo donde ella celebraba el *Devi Bhava* tres noches a la semana. Por entonces estábamos todos instalados en una pequeña cabaña con el techo de paja, en la que descansábamos cuando disponíamos de tiempo, lo cual era bastante raro. Al ver que algunos podían instalarse permanentemente cerca de la Madre, otros quisieron hacer lo mismo. Fue en esa época cuando vinieron a quedarse Balu, Venu, Srikumar, Ramakrishnan, Rao y otros cuantos discípulos.

La Madre ponderaba muy bien quién podía quedarse en el ashram. Consideraba muchos factores. Por ejemplo, si la familia sufriría económicamente al dejar de recibir el salario del hijo, la seriedad de las aspiraciones espirituales o la profundidad de la relación del aspirante con Amma. Tenía una visión muy clara del futuro y, detrás de cada acción, había una clara intención. Su propio nacimiento fue por el bien espiritual del mundo y, para ese fin, sentía que un grupo de gente joven tenía que entrenarse en la vida espiritual, discípulos a los que ella pudiera mandar a diferentes partes de la India y del mundo para difundir la verdadera espiritualidad.

En el siglo pasado, hubo una gran alma, Sri Ramakrishna Paramahamsa, de Bengala, que también tuvo una misión similar. Dedicó toda su energía a la mejora espiritual de sus devotos, incluso a costa de su salud y de su vida, y finalmente entrenó a un grupo de hombres jóvenes para que llevaran a cabo su trabajo. Son muchísimas las personas que lo consideran, igual que a Jesucristo, una encarnación del Señor, el cual vino intencionadamente a este mundo por un propósito particular, y no por la fuerza del *karma* anterior. De forma parecida, hay muchos que sienten lo mismo acerca de la Madre, que es la Madre Divina en sí misma, que ha venido a este mundo con el específico propósito de elevar al mundo espiritualmente. El Señor declara en el *Bhagavad Gita* que Él nacerá en este mundo de la materia cada vez que surja la necesidad de proteger el *dharma* (rectitud) del declive causado por el tiempo:

> *Cada vez que decae la religión, Oh Bharata, y hay un ascenso de irreligión, entonces me manifiesto Yo mismo. Nazco en cada época para proteger a los buenos, para destruir a los perversos, para el firme establecimiento de la religión.*
>
> *Bhagavad Gita, Capítulo 4, versos 7-8*

Puesto que la misma naturaleza del Tiempo es cambio, el mundo requiere, por decirlo de alguna manera, de constante sostenimiento espiritual. Y, por eso, el Supremo debe descender una y otra vez.

En cierta ocasión, en la época en la que sólo había unas cuantas personas alrededor de la Madre, ella nos habló del propósito de su nacimiento. Nos dijo que formaría a un gran grupo de jóvenes aspirantes para que difundieran conocimientos espirituales a la humanidad. También nos dijo que llegaría un día, en el que tendría que salir de la sagrada tierra de la India y viajar alrededor del mundo para dar paz a otras personas. Sus palabras nos sorprendieron y nos dejaron preocupados. Amma no se había alejado nunca más allá de unas cuantas millas de su aldea, y si iba a viajar por todo el mundo, ¿quién iba a cuidar de ella? Y ¿quién cuidaría de los que estaban aquí con ella? Pensábamos que quizás sólo bromeaba.

Fue en esa época cuando la Madre reveló la singularidad de Shakti Prasad, su *manasa putra* o hijo nacido de la mente, como lo llamaba ella. Insinuaba que él se convertiría en una gran fuerza para el bien del mundo, ya que era una encarnación parcial de la Divina Madre, traído a la existencia por la propia voluntad de la Madre. Hay una historia en las Sagradas Escrituras de la India, sobre un sabio llamado Vishwamitra, que creó un mundo para que su devoto Trisankhu viviera en él. También encontramos otra historia en el libro védico *Yoga Vasishtha* que menciona la creación de un mundo por un muchacho sabio. En una ocasión, cuando le pregunté a la Madre si los sabios de la antigüedad podían verdaderamente crear por medio de su fuerza de voluntad, tal como se mencionaba en esas historias, contestó: "Desde luego. ¿No creó la Madre a Shakti Prasad?" Esto puede parecer una afirmación increíble para los que no conocen la historia de Shakti, pero a mí no me cabe la menor duda sobre el extraño nacimiento de un niño bajo una circunstancia especial.

Los padres de Shakti eran Vidyadharan y Omana, y vivían en una aldea a unas cinco millas del ashram de la Madre. Después de nueve años de matrimonio, no habían sido bendecidos con ningún hijo. Al enterarse de los milagrosos poderes divinos de la Madre, decidieron arriesgarse y pedirle que los bendijera con un hijo. Los dos llegaron al ashram en 1977, pero antes de que Omana pudiera decirle nada a la Madre, ella la llamó y le dijo: "Hija, sé que quieres un hijo. No te preocupes, voy a aliviar tus penas y dentro de cuatro meses estarás embarazada". Ciertamente, a los cuatro meses, Omana comenzó a mostrar señales de embarazo. Acudió a un hospital para hacerse una revisión y los médicos confirmaron su embarazo. Lo curioso fue que cuando volvió, al noveno mes, los mismos médicos le dijeron que no tenía ningún niño en su útero. Era algo misterioso, pues su barriga todavía seguía totalmente distendida como en una mujer que está a punto de parir. Se hicieron distintas pruebas y todas dieron resultados negativos. Finalmente, se le hizo una radiografía, y los médicos se sorprendieron al ver que sólo había una densa nube en su útero. Visitó otros hospitales, pero ninguno de los médicos pudo determinar si había o no un niño en su útero.

Omana, abatida, decidió ir a ver a la Madre. Amma la consoló diciéndole: "Sé valiente; ese niño es divino y ningún aparato de rayos-x podrá visualizarlo". Pasaron días y meses. Los vecinos empezaron a burlarse, diciendo que iba a dar a luz un elefante. Sin embargo, Omana y su marido nunca perdieron la fe en la Madre. Aquella fue su mayor prueba. Al final, durante el décimo sexto mes de su embarazo, la Madre le dijo a Omana que fuera al hospital a parir. Pese a su gran barriga, los médicos no pudieron encontrar ninguna señal del niño. Después de mucho discutir, finalmente decidieron hacerle una cesárea. Durante la operación se quedaron atónitos al encontrar un saludable niño en su útero. La Madre le dio el nombre de "Shakti Prasad," que significa "Bendición de la Energía Divina".

Shakti comenzó a meditar a los tres años y se sentaba repitiendo "Om Namah Shivaya" o "Alabado sea Shiva" con los ojos cerrados. Cada vez que venía al ashram, se dirigía directamente a la Madre y se sentaba junto a ella, poniéndole flores a sus pies. Una vez, uno de los visitantes se burló de él, diciéndole: Oye, ¿en qué piensas cuando cierras los ojos? El niño replicó: "¿Tú que sabrás? ¡Veo una bonita luz de colores cambiantes en mi frente!" La Madre ha manifestado que cuando sienta que ha llegado el momento, eliminará la pequeña pantalla de ignorancia que ha mantenido en su mente y, en ese momento, sabrá por sí mismo que es uno con Dios. Será entonces cuando se revele por sí misma su verdadera talla espiritual, y comenzará su trabajo en este mundo.

Después de esta explicación, la Madre sonrió. Uno de los muchachos que estaba sentado allí cerca dijo, "Vaya, Madre, ese es un plan muy bueno". La Madre lo miró con una expresión divertida en su rostro y le dijo, "¡Gracias, me alegro de que lo apruebes!"

Uno de los visitantes asiduos al ashram era Bhargavan, que vivía en la zona. Venía al ashram cada *Bhava darshan* y estaba convencido de que, en un momento dado, el alma de Krishna entraba en el cuerpo de la Madre. No es extraño que pensara así, pues estas creencias forman parte integral de la vida religiosa en aldeas como la de la Madre. La gente corriente no tiene idea de lo que es la Auto Realización o la Visión de Dios. Su concepción de Dios se limita a alguien que puede atender sus ruegos y complacer sus deseos. Aunque sienten que Dios es omnipresente, consideran que es más fácilmente accesible en el templo y que a Él le complacen las ofrendas y los rituales. Si se le da aquello que le gusta, entonces está dispuesto a bendecir a sus devotos con lo que quieran; así de sencilla es la fe de los aldeanos. No llegan a concebir la existencia de Dios en el interior, en el corazón de cada uno, como Realidad Suprema, más allá del ego individual. Por tanto, la única manera de interpretar el comportamiento tan poco usual de la Madre, era pensando que Dios la poseía temporalmente durante los

*Bhava darshan*s. Por consiguiente, cuando Bhargavan vino para el *darshan*, verdaderamente sentía que estaba viendo al mismísimo Krishna, y no tenía ni idea de la grandeza espiritual de la Madre. Creía que Amma era una aldeana con mucha suerte.

Un día le dijo a la Madre que iba a visitar el famoso templo de Krishna, en Guruvayur, que está a unas ciento cincuenta millas al norte del ashram. La Madre le dijo: "¿Vas a poder ver a Krishna allí?"

"Por supuesto, si no fuera así, ¿para qué iba a ir tan lejos?", contestó. Entonces se marchó y llegó a Guruvayur por la noche. Cuando se acercó a la imagen del Señor se dio cuenta de que se había olvidado las gafas, así que no pudo ver bien a Krishna, tan solo vio una figura neblinosa. Al volver a casa, descontento, fue al *darshan* de la Madre durante *Krishna Bhava*. Sonriendo con picardía, la Madre le dijo: "¿Olvidaste tus gafas? Si estoy aquí, ¿por qué fuiste allí para verme?". Como podemos suponer, desde entonces Bhargavan perdió todo interés por visitar templos.

Si uno quería ver cómo era el Señor Krishna, podía hacerlo viendo a la Madre en *Krishna Bhava*. El nombre Krishna significa "el que atrae" y se decía de él, que era el más encantador de todos los seres. También se tenía esta impresión cuando se estaba delante de la Madre durante *Krishna Bhava*. Ella parecía ser una mezcla de omnisciencia y picardía. Podía ofrecer una banana a alguien y, cuando estaba a punto de morderla, se la apartaba rápidamente. Esto, por supuesto, producía grandes carcajadas en la habitación, pero nadie se sentía avergonzado, pues ¿no era el mismo Dios el que se ocupaba de este juego? A veces derramaba un poco de agua sagrada en la boca de alguien y seguía vertiéndola mientras le caía por el pecho hasta llegar al suelo. Si alguien le había ofrecido mantequilla, la sujetaba delante de ellos para que le dieran un bocado, y cuando iban a probarla, se la untaba sobre la nariz.

Amma con Shakti Prasad

Sus acciones concuerdan con las historias que uno lee sobre los juegos del Señor durante su infancia en Brindavan.

Un día, a los dos meses de instalarse *brahmachari* Balu en el ashram, estábamos en la cabaña y yo escuchaba, con auriculares, una grabación de la Madre cantando. Ella entró y comenzó a cantar exactamente la misma melodía y al mismo tiempo que el cassette. Amma no podía haber escuchado nada proveniente de los auriculares, pues tenía puesto el volumen muy bajo. La miré con una expresión de asombro y le pregunté cómo sabía lo que yo estaba escuchando. Ella simplemente hizo una sonrisa cómplice y se fue al otro lado de la cabaña. Parecía que estaba jugando con una toalla, intentando atársela alrededor de la cabeza. Finalmente se giró con un turbante en su cabeza y nos echó un vistazo. ¡Cuál fue nuestra sorpresa cuando la vimos en *Krishna Bhava*! Al cabo de un rato se giró, dándonos la espalda, y de nuevo se volvió hacia nosotros. Ahora volvía a ser ella misma. Fue después de este incidente cuando nos convencimos de que los Estados Divinos de la Madre dependían completamente de ella. Podía mostrarlos cuando lo deseara y elegir la forma en la que lo hacía. Hasta entonces, la Madre había afirmado inocentemente que sus *Bhavas* (Estados Divinos) estaban en las manos de Dios. Ahora habíamos conocido su secreto: que ella y el Señor eran uno. En un estado inusual, la Madre dijo: "Si queréis ver al Krishna que vivió hace cinco mil años en Brindavan, lo podéis ver aquí (señalándose a si misma). La Madre Divina y el Señor Krishna residen ambos en el interior de esta chica loca".

# Capítulo 4

# *Los primeros discípulos*

Pocos meses antes de mi encuentro con la Madre, a finales de 1979, Balu (ahora llamado Swami Amritaswarupananda) vino a ella. Por aquel entonces era un estudiante de secundaria con un talento especial para la música y el teatro. Se había enterado de que había alguien con poderes divinos en Vallickavu, y acudió en su busca. De naturaleza devocional, ya desde la niñez, Balu se conmovió profundamente ante el fervor con el que la Madre cantaba las alabanzas de Dios. Ella comprendió, de inmediato, que era uno de sus hijos. Cuando acudió a recibir *darshan*, estaba tan desbordado por el puro y maternal afecto de la Madre, que no pudo contener las lágrimas. Tras el *darshan* regresó a su hogar, aunque ya nunca volvió a ser el mismo. Su mente se llenó del pensamiento de la Madre y el anhelo de verla lo poseía. Este ejemplo se repitió una y otra vez con todos los discípulos cercanos de la Madre.

Una noche, Balu se despertó al sentir una fragancia divina en su habitación. Al momento se percató de que alguien amablemente tocaba su frente. Se llevó una grata sorpresa al descubrir que era Amma. Ella le sonrió diciéndole: "Hijo mío, la Madre está siempre contigo. No te preocupes". Antes de que Balu pudiera decir algo, desapareció.

Como podemos imaginar, Balu no pudo creer lo que vieron sus ojos. Por eso, a la mañana siguiente, corrió a Vallickavu con la intención de confirmar la autenticidad de su visión, pero quedó decepcionado al descubrir que la Madre no estaba allí. Se pasó todo el día sin comer mientras la esperaba. Por la tarde, cuando finalmente regresó, la Madre fue directamente a la cocina y le llevó a Balu un plato de arroz, dándole de comer con sus propias manos. Entonces le aseguró: "¡Hijo, ayer por la noche la Madre fue a verte!" Al escuchar estas palabras, Balu quedó totalmente abrumado ante el afecto que mostraba la Madre por él, y estalló en sollozos.

Balu vino a vivir junto a la Madre por la misma época en que Gayatri y yo nos establecimos allí. Amma solía someterlo a difíciles pruebas para averiguar si realmente quería renunciar a todo y entregarse por completo a la vida espiritual. Lo envió a trabajar a unas quince millas del ashram, pidiéndole que se quedara en casa de un devoto. No estuvo más que unas pocas semanas, pues no podía soportar la separación de la Madre. Volvió al ashram con la idea de no volver a trabajar fuera. Poco después, la Madre decidió que estudiara un máster en filosofía. Tras muchas indagaciones, Balu pudo encontrar un profesor que le enseñara la materia, pero éste no tenía ningún interés en venir al ashram. Al final, después de mucho insistir, el profesor aceptó acudir, aunque no deseaba ver a la Madre. Un día, Balu fue a cantar ante la Madre durante el *Devi Bhava* y dejó al profesor solo. Cuál sería su sorpresa cuando vio al profesor corriendo hacia el templo y postrarse completamente ante la Madre. Desde entonces, acudió de forma regular al ashram para instruir a Balu en filosofía y disfrutar del *darshan* de la Madre. Finalmente Balu aprobó los exámenes del máster.

Venu (ahora Swami Pranavamritananda Puri) era el hermano menor de Balu. Cuando oyó hablar de la Madre a través de su hermano, no mostró interés alguno en ir a conocerla. Con desdén dijo: "No iré a ver a esa pescadora". Al enterarse la Madre, dijo: "También es mi hijo y vendrá aquí". Las palabras de la Madre inquietaron a Balu, pues su renuncia a la vida mundana y su decisión de vivir en el ashram, habían causado una gran conmoción en su hogar. ¿Qué sucedería ahora si otro de sus hijos hiciera lo mismo?

Un día, la Madre visitó la casa de la tía de Balu, donde Venu residía mientras cursaba sus estudios de secundaria. Venu pasó junto a Amma ignorándola completamente. Haciendo caso omiso a su rudeza, la Madre lo siguió y, sosteniendo sus manos en las suyas, le dijo amorosamente: "¿No eres tú el hermano de mi hijo Balu? La Madre ha estado anhelando verte". Al instante, las barreras de Venu se derrumbaron ante el inocente amor maternal de la Madre. Nos miramos unos a otros y uno susurró: "El asunto está zanjado. Se acabó para él". Todos reímos. Y, efectivamente, así fue. Aunque Venu procuró completar sus estudios y aprobar los exámenes, perdió todo interés por la vida mundana y, con un espíritu de renuncia, se afeitó sus largos cabellos y vino a vivir al ashram.

Srikumar (Swami Purnamritananda Puri) vivía en un poblado a unas diez millas del de Balu. Al enterarse de la existencia de la Madre, vino a verla en 1979. Aquel período fue crucial en su vida, ya que le asaltaban dudas sobre la existencia de Dios: "Si Dios existe, ¿cómo es posible que sólo unos pocos sean felices en esta vida, y el resto de la humanidad sufra?" Este pensamiento le atormentaba y consideró que quizá la Madre podría darle una respuesta. Al conocerla, y vislumbrar su aura de amor, sentir su divina presencia y la atmósfera sagrada que lo invadía todo a su alrededor, su mente se llenó de gozo. Le resultó chocante el comportamiento poco corriente de la Madre, ya que en ocasiones se mostraba como una niña pequeña e inocente que jugaba con los devotos. En otras cantaba y bailaba y, a veces, lloraba en éxtasis de anhelo por Dios. En un momento dado aparecía profundamente absorta en meditación y, al instante siguiente, rodaba por el suelo riendo. Poco después de su llegada, la Madre alimentó a Srikumar con sus propias manos y le instruyó en los principios espirituales. Se sintió atraído por su aura de santidad, su amor incondicional y maternal, así como por sus estados de éxtasis. No pasó mucho tiempo hasta que Srikumar decidió quedarse junto a la Madre. Esta situación no duró mucho, puesto que sus padres no estaban dispuestos a que aquel hijo único los dejara, ya que esperaban que los cuidara durante la jubilación. Así, después de graduarse en el instituto, fue a trabajar a un lugar distante.

El destino de Srikumar fue el mismo que el de Balu; simplemente no pudo permanecer alejado de la Madre y seguir trabajando. Vivió apesadumbrado el tiempo que estuvo en Bangalore. Realizaba su trabajo de una forma inconsciente, sin dejar de pensar en la Madre. Transcurrido un mes, regresó a su casa enfermo. Tenía fiebre muy alta y fue inmediatamente hospitalizado. Tendido en su cama en el hospital, tuvo la siguiente experiencia:

"Mi padre había ido a buscarme un café. Me encontraba sólo en la habitación cuando de repente mis manos y piernas se quedaron como paralizadas. Una brisa fresca y apacible me envolvió y, sorpresivamente, vi a la Madre entrando en la habitación. Con una sonrisa afable en su rostro, caminó hacia mí. Como un niño pequeño, empecé a llorar. Entonces se sentó a mi lado y, sin mediar palabra, puso mi cabeza en su regazo. Embargado por la emoción, no podía pronunciar palabra. Del cuerpo de la Madre surgió un resplandor que inundó toda la habitación, quedando ella misma envuelta por esa luz divina. En ese momento, la puerta se abrió y entró mi padre. La figura de la Madre se desvaneció". Al final, Srikumar acabó convirtiéndose en un residente permanente del ashram.

Ramesh Rao (Swami Amritatmananda Puri) era el hijo favorito de un comerciante de telas, que trabajaba en la tienda de su padre. Pero el lento devenir de la vida en su pueblo no le atraía. Deseaba ir al extranjero, al Golfo Pérsico a trabajar, pero cuando trataba de asegurarse un empleo allí, se enteró de los poderes divinos de la Madre. En junio de 1979 vino a Vallickavu, por primera vez, con la intención de conocer su futuro. Poco sospechaba él de los grandes cambios que le aguardaban. Antes de que pudiera decirle algo a la Madre, ella le dijo: "Hijo, estás intentando cruzar el océano. La Madre hará realidad tu deseo. No te preocupes". Estas astutas palabras fueron el fin de la vida mundana de Rao y el comienzo de la espiritual. Regresó a casa e intentó atender su negocio, pero le resultó imposible concentrarse en esa tarea; únicamente ansiaba ver de nuevo a la Madre. Este anhelo se volvió tan intenso que a los pocos días cerró la tienda, y corrió a Vallickavu. Empezó a tener muchos sueños sobre la Diosa del Universo, quien se le aparecía bajo la forma de Amma. Día a día, su cansancio iba en aumento, a la vez que crecía su deseo de realizar a Dios. ¿Y qué hay de maravilloso en todo esto? Uno descubre, en presencia de la Madre, que su mente fluye hacia Dios.

Un día, mientras se encontraba sentado junto a Amma, Rao perdió toda conciencia del mundo y, durante más de cinco horas, experimentó que era un niño de cinco años flotando en el Océano de la Bienaventurada Madre Divina. Finalmente, la Madre lo llamó y lo devolvió a este mundo de las formas y los nombres. Después de esta experiencia, Rao perdió el poco interés que le quedaba por los placeres mundanos. No regresó a la tienda y pasó varias semanas con la Madre y otros residentes devotos. Como era de esperar, esto causó mucha agitación en toda su familia. Aunque en la India casi todo el mundo sabe que la Realización de Dios es la meta suprema de la vida, los padres apenas aceptan que sus hijos se conviertan en renunciantes y dediquen sus vidas a este objetivo sublime. Piensan que antes se debe disfrutar de los placeres de la vida matrimonial, acumular riquezas y propiedades y, más tarde, en la vejez, practicar *sadhana* espiritual. Olvidan que entonces, cuando uno es viejo (si es que no muere antes), resulta imposible concentrarse en Dios. ¿Cómo se va uno a centrar en Dios después de residir en lo mundano durante setenta u ochenta años? ¿Puede acaso un perro viejo aprender nuevos trucos?

Hace muchos años, en la India existía la costumbre de enviar a los hijos, a temprana edad, fuera de casa para que vivieran en un *gurukulam* (el hogar o *ashram* de un maestro tradicional). Allí se estudiaba y se recitaban las antiguas Escrituras, se servía desinteresadamente a los ancianos y al maestro, se practicaba el control de los sentidos y se llevaba una vida sencilla y noble. Sólo después de pasar doce años en ese tipo de vida disciplinada, se podía uno casar, si lo deseaba, y disfrutar de las comodidades materiales y placeres mundanos. Pero, incluso entonces, no se podía dejar de lado el estudio de las Escrituras, la adoración y un cierto autocontrol. Se suponía que, tras educar en la virtud a los hijos, se podía abandonar la vida familiar alrededor de los cincuenta años e irse a vivir a un *ashram* o a los bosques, dedicando el resto de la vida a la práctica espiritual con la finalidad de realizar a Dios. Si uno había construido bases sólidas en su juventud, y las había continuado en la vida familiar, no resultaba excesivamente complicado, tras un período de transición, llevar una vida de renuncia total y autocontrol. Este era el ideal en los tiempos antiguos. Resultaría demasiado benevolente llevar una vida mundana durante setenta años, rezar y visitar el templo de vez en cuando y, al final, esperar concentrarse fácilmente en Dios y fundirse en Él. Si bastara con eso para alcanzar la autorrealización, entonces ¿por qué tanta gente se esfuerza al máximo y lucha durante toda su vida para controlar el vagabundeo de la mente y fijarla en lo Supremo?

Tal como es el mundo actual, no sorprende que los padres de Rao no aceptaran que su hijo se convirtiera en un monje, pues era evidente que éste estaba tomado esa dirección a gran velocidad. Amma le pidió a Rao que volviera a casa y obtuviera el permiso de sus padres para quedarse en el *ashram*. ¡Era como si un ratón apetecible pidiera a dos gatos sedientos y hambrientos que le dejaran marchar! Rao protestó: "Madre, será muy problemático si regreso ahora". La Madre, pausadamente, le contestó: "Un hombre valiente es aquel que puede superar todas las dificultades". Amma no iba a aceptar tan fácilmente a Rao en la vida monástica, ya que éste había estado muy fuertemente apegado a la vida mundana. La Madre quería asegurarse, antes de permitirle efectuar su renuncia permanente al mundo, que tenía la suficiente entereza y la hechura de un monje. ¡Qué sabia y -en apariencia- dura es la Madre!

Tras volver a casa, los padres de Rao lo retuvieron por la fuerza. Al ver que la actitud de su hijo no variaba, pensaron que su repentino cambio se debía a un trastorno mental. Después de diez días de tratamiento en un hospital psiquiátrico, lo llevaron a vivir lejos de su pueblo con unos parientes, donde emplearon con él toda clase de estratagemas. Utilizaron como cebo a una pariente joven, pero Rao superó todas las tentaciones. Entonces escribió a la Madre diciendo: "Si la Madre no me salva, me suicidaré". Transcurrido un mes, pudo regresar a su pueblo natal, ya que parecía que su "locura" se había desvanecido. ¡Qué desafortunado es, aunque no sorprendente, ver cómo la gente mundana piensa que el amor a Dios y el deseo de vivenciarlo es algo anormal! Las gemas de la humanidad son aquellas que manifiestan algún tipo de devoción a Dios en su vida diaria. Abraham Lincoln, Albert Einstein, Mahatma Gandhi, todos se consideran grandes hombres por sus logros mundanos. Aunque ellos mismos atribuían sus pequeñas grandezas a Dios, eran humildes devotos del Señor. ¿Por qué entonces la gente común piensa que la entrega total a

Dios es una aberración de la mente? ¿No dice el Viejo Testamento que se debe amar a Dios con todo el corazón, con toda el alma y con toda la mente? ¿Quién está loco, aquél que ama a Dios o el que ni siquiera piensa en Él? Tal es el poder de Maya, la Ilusión Universal, que hace que la gente lo vea todo de forma confusa.

Tras volver a su aldea, Rao se encaminó de nuevo al *ashram*. La Madre insistió en que regresara a su casa hasta obtener el permiso de sus padres y lo dejaran libre para vivir junto a ella. A Rao le resultó difícil aceptarlo, así que no volvió. Pocos días después, su padre, algunos familiares y un furgón cargado de policías se presentaron en el *ashram*. Mientras se lo llevaban, Rao exclamaba: "Soy lo suficientemente mayor para decidir dónde y cómo quiero vivir". A pesar de todo, la policía no prestó atención a sus palabras. Lo metieron a la fuerza en el furgón y lo condujeron de nuevo al hospital psiquiátrico.

¿Había abandonado la Madre a su hijo desvalido? Nada de eso. De camino al hospital, todos se bajaron del coche para comer en un restaurante. Rao no quiso ir con ellos y decidió quedarse en el vehículo. Entonces oyó una voz en su interior que le decía: "Si escapas ahora, te salvarás. De lo contrario, ¡serás destruido!" Al instante, vio un coche que se detenía frente al suyo. Sin perder un momento, entró en él y pidió al conductor que lo condujera a la casa de un devoto que vivía en ese mismo pueblo. Desde allí, en un tren nocturno, marchó a Bombay y después siguió más al norte, hacia los Himalayas. Vagando como un pobre mendigo sin llevar siquiera ropa de abrigo, permaneció en la región del Himalaya durante muchos meses. Finalmente, la Madre le escribió comunicándole que el peligro había pasado y que debía regresar al *ashram*. Gracias al dinero que le remitieron unos *ashramitas* pudo volver y establecerse en el ashram en 1982, tras haber probado la Madre su valor de forma severa. De ese modo, Amma pudo asegurarse de que su decisión por quedarse en el ashram sería para siempre. Así ha de ser la decisión y determinación del que pretenda ir más allá de todos los obstáculos y morar en la Verdad, en Dios.

Ramakrishnan (Swami Ramakrishnananda Puri) comenzó a visitar a la Madre en 1978. Era un empleado de banco que vivía cerca del ashram. Desde el principio, la naturaleza amorosa de la Madre fue derritiendo su corazón y atrayéndolo hacia ella. Adoraba a Dios bajo el aspecto de la Divina Madre Minakshi, deidad cuya forma se encuentra en el célebre Templo Minakshi de Madurai, Tamil Nadu. Debido a su intenso anhelo por contemplarla, invocó la Gracia de la Madre, que le bendijo con numerosas visiones de la Deidad. Lo que no se puede alcanzar en años de extenuantes esfuerzos, se consigue fácilmente por la Gracia de un Alma Realizada.

La Madre probó la fe de Ramakrishnan muchas veces, tanto antes como después de incorporarse al *ashram* en 1984. Aunque el Gurú es consciente en todo momento de su propia omnipresencia y omnipotencia, el discípulo no lo es. Así, pues, el deber de un Gurú es afianzar la fe del discípulo y velar para que su *sadhana* se realice con intenso celo y firmeza. A Ramakrishnan se le había encomendado cada mañana la apertura de la caja del banco donde trabajaba. Por tanto, debía estar en el banco a las diez en punto. Su oficina se encontraba, exactamente, a sesenta y cinco millas del pueblo de la Madre. En una ocasión, tras el *darshan* de la noche del domingo en el *ashram*, Ramakrishnan subió el lunes al autobús que debía llevarle al trabajo. Sea como fuere, ese día el autobús se detuvo ocho millas antes de llegar a su destino. Entonces bajó del vehículo y preguntó por la salida del siguiente autobús. Cuando vio que no podría llegar a tiempo a la oficina empezó a preocuparse. Enseguida trató de buscar un taxi, pero no lo consiguió pues no había ninguno libre. Comprensiblemente alarmado, suplicó a la Madre: "¡Oh Amma!", esperando que ella buscaría la manera de ayudarle. Después de todo, su devoción hacia la Madre era lo que le había llevado la noche del domingo a permanecer en el *ashram*, sirviéndola durante el *Devi Bhava*. ¿No era su deber cuidarlo? En poco tiempo, un extraño se le acercó con una motoreta y se ofreció a llevarle a la ciudad a donde se dirigía. ¡Llegó al banco justo a las diez en punto! Cuando relataba su milagro a la Madre, ella le comentó: "Basta una llamada, si se realiza con concentración, para que Dios acuda".

Un día, la Madre le dijo a Ramakrishnan en un tono serio: "Algunos hombres continúan mirando a las chicas incluso después de haber elegido la vida de renunciante". Ramakrishnan le preguntó: "¿A quién te refieres, Madre?", "A tí" le replicó. "¿Quién, yo? La Madre me está culpando de algo, cuando soy inocente", objetó.

"¿No es cierto que hay una mujer en el despacho de al lado que lleva un pendiente en la nariz y que la miras todos los días? Pero no te preocupes, hijo. Sé que la observas porque te recuerda a mí", dijo la Madre riendo.

Después de que Ramakrishnan hubiera dejado su empleo, la Madre me contó el incidente y me dijo irónicamente: "¡Hoy, Ramakrishnan, ha tenido un destello de los *sidhis* (poderes místicos) de la Madre!"

Estos eran algunos de los discípulos de la Madre que estaban destinados a convertirse en *sannyasines* o renunciantes. Utilizo la palabra "destinados" porque estas personas no demoraron ni calcularon nada, antes de dejar su vida mundana por la de renunciante. No podían soportar ni aceptar otro tipo de vida. Esto no debería llevarnos a pensar que las personas casadas o aquellos que no son monjes no pueden alcanzar la auténtica espiritualidad. Una vez escuché a la Madre decir lo siguiente a un grupo de devotos casados:

"Un padre de familia ciertamente puede alcanzar la Realización, pero debe comportarse como un verdadero padre de familia o *grahasthasharami*. Aunque habite con su familia, debe hacerlo como un *ashramita*, viviendo sólo para Dios. Esta es la verdadera *grahasthasharama* o vida matrimonial. Es posible llevar una vida espiritual mientras se vive en el mundo. La única condición es que se deben llevar a cabo todas las acciones sin egoísmo, sin ningún tipo de apego, entregándolo todo a los pies del Señor. Todas las actividades deberían efectuarse con absoluta dedicación. El padre de familia debe saber discernir en todo momento y pensar: 'Todo es de Dios; nada es mío. Sólo Dios es mi único Padre, Madre, Pariente y Amigo'.

"Un padre de familia que desee llevar una vida espiritual tras haber cumplido con sus responsabilidades mundanas, debería ejercitar la renuncia ya desde el inicio, porque ésta no le llegará tan fácilmente. La renuncia exige una práctica constante y a largo plazo. Aunque externamente no abandone nada, debería intentar desapegarse en su interior. Para mantener ese espíritu de desapego interior, resulta importante la *lakshya bodha* (una mente orientada hacia lo espiritual)".

"Un buen padre de familia tendría que ser internamente un *sannyasin*. Amma no dice que uno deba huir del cumplimiento de sus obligaciones, sino que debe cumplir con ellas de la manera más hábil posible. No es bueno escapar de la vida; eso es cobardía. Una persona que huye de la vida no está preparada para ser un buscador espiritual. He aquí la razón por la cual Krishna no permitió a Arjuna que huyera de la batalla. La vida es una lucha y no debe evitarse. Más aún, no puede uno evitarla. Puedes correr hacia un bosque remoto o hacia un *ashram* para escapar de la vida, pero ésta te seguirá allí donde vayas. Al igual que no puedes huir de la muerte, no puedes huir de la vida; lo único que puedes hacer es intentar trascender ambas. En consecuencia, una persona inteligente no intenta escapar de la vida, sino que la vive sensatamente, otorgando una atención adecuada a sus asuntos".

"La manera sabia de vivir se asienta en una base espiritual. En la medida de lo posible, trata de estar desapegado, y de esta forma puedes ir preparándote para la renuncia total. Ya que la mayoría de las personas no son *sannyasines*, deberían desempeñar correctamente su papel en el mundo".

"Nuestra obligación hacia Dios consiste en mostrar compasión hacia la humanidad que sufre. Nuestra búsqueda espiritual debería empezar con el servicio desinteresado hacia el mundo. La gente quedará defraudada si te sientas en meditación, a la espera de abrir el tercer ojo, tras haber cerrado los otros dos. Esto no va a suceder. No podemos cerrar los ojos al mundo en nombre de la espiritualidad y tener expectativas de evolucionar. La Realización espiritual consiste en contemplar la unidad mientras se mira al mundo con los dos ojos".

"Ya sea uno un padre de familia o un *sannyasin*, la renuncia es el medio que conduce a la meta. Internamente, un padre de familia debería ser un *sannyasin*. Externamente, debería ser activo y cumplir con sus deberes diligentemente. Es una persona que lleva una vida espiritual mientras cuida de su familia y se prepara a sí mismo para la partida final".

"Un *sannyasin* es aquel que dedica por completo su vida, interna y externamente, a otros, al bien del mundo. Un *grahasthashrami* es aquel que lleva una vida familiar externamente, pero es un *sannyasin* en lo interno".

"Un padre de familia no podrá renunciar a las cosas tan fácilmente, por ello irá tratando de aquietar su mente, pues ésta tiende a ser ruidosa por los problemas que le llegan de todas partes. La Madre sabe que es muy difícil superar estos problemas que provocan ruidos atronadores en la cabeza. Pero no es imposible obtener el silencio interior. La mayoría de nuestros antiguos maestros eran padres de familia. También eran seres humanos. Así que si ellos pudieron hacerlo, nosotros también".

"El potencial de ser un auténtico renunciante existe en cada uno. Puede encontrarse en forma de semilla, pero se encuentra ahí. La semilla no germinará por sí misma; necesita sembrarse, hay que levantar cercas para protegerla de animales salvajes, resguardarla de un exceso de sol y lluvia, regarla suficientemente… En definitiva, cuidarla bien. Entonces crecerá convirtiéndose en un enorme árbol que dará sombra y producirá frutos y flores en abundancia. Este tipo de esfuerzo se necesita para conseguir la meta. Los santos y sabios practicaban *tapas* y alcanzaron el objetivo. Igualmente deberíamos tratar de alcanzar la meta con esa resolución".

"Sri Krishna fue un padre de familia. Tuvo numerosas responsabilidades, pero fue la personificación del desapego. Sri Rama también fue un padre de familia pero, además, rey, y fue la personificación del *dharma*. El Rey Janaka fue rey y padre de familia y también un *Jivanmukta*, un alma liberada. Todos tuvieron tiempo suficiente para practicar *tapas* y llevar una vida espiritual, incluso en medio de todos sus problemas y deberes de la corte. Es una excusa decir que no tenemos tiempo por culpa de nuestros problemas y responsabilidades familiares; simplemente significa que no existe un deseo genuino para seguir el camino espiritual".

"Un *grahasthashrami* debería poder renunciar a todo cuando quisiera. Debería parecerse a un pájaro sentado en una ramita seca, que sabe que ésta se romperá en cualquier momento y, en consecuencia, debe estar preparado para volar. De la misma forma, un padre de familia tendría que estar siempre consciente de que las relaciones mundanas son momentáneas y pueden finalizar en cualquier instante. Como el pájaro, debe estar preparado para romper todas las ataduras y saltar hacia la espiritualidad; así debería tener firme fe de que todas las acciones que realiza son tan sólo trabajos temporales que le encarga Dios.

Como un sirviente obediente, tendría que poder cumplir con todo, sin tener el sentido de ser el hacedor. Cuando quiera que Dios, el Maestro, le pida detenerse, debería poder hacerlo. Sabe que nada es suyo. Un padre de familia debería estar preparado para abandonar todos sus placeres y comodidades mundanas, sea cuando fuere. Debería cumplir con su deber en el mundo como si se tratase de una *sadhana* o una forma de adoración".

"Permaneced en el hogar, pero estad en contacto con vuestro verdadero Yo, el auténtico centro de la existencia. Seguid las instrucciones de un verdadero Maestro. Reconoced la finalidad de la prisión en la que os encontráis y comprended que no es vuestro verdadero hogar y que vuestros apegos no son ornamentos, sino las cadenas de vuestra servidumbre. Un verdadero Maestro os ayudará a daros cuenta de todo esto. Una vez alcancéis una correcta comprensión, no importa si os encontráis en casa o en un *ashram*. No importa lo que hagáis o donde estéis, ya que no podréis moveros de vuestro verdadero Centro.

# Capítulo 5

# *La Madre como Gurú*

Cuando la mayoría de nosotros vinimos a establecernos a los pies de la Madre, su actitud era como la de una niña y la de una madre a la vez. En ocasiones se comportaba como una muchacha joven, corriendo, bailando y jugando con otros niños. Dormía bajo los árboles, comía en el suelo y se tumbaba en el suelo bajo la lluvia. Cuando actuaba como una Madre condescendiente, se mostraba muy afectiva con todos y no insistía en disciplina alguna. Nos alimentaba con sus propias manos, se aseguraba de que tuviéramos algo sobre qué dormir, nos confortaba durante nuestras enfermedades y otras dificultades, y siempre y en todo momento estaba pendiente de nosotros. Sin embargo, después de cierto tiempo, nos dijo que iba a cambiar su papel y que empezaría a tratarnos cómo lo haría un Gurú con sus discípulos. Esto se ajustaba a mis ansias, ya que había estado anhelando que se generara una atmósfera de ashram entorno de la Madre. Y así fue, desde luego, puesto que el aspecto infantil de la Madre prácticamente se desvaneció; su naturaleza maternal pasó a segundo plano para dar entrada al Maestro. Ahora bien, la Madre podía identificarse con cualquiera de estos roles en el momento en que ella decidiera hacerlo. Durante los *Krishna* y *Devi Bhavas*, era la personificación de estos aspectos de Dios. Cuando se comportaba como una niña, era simplemente eso, una niña. También podía ser la más maternal de todas las madres. Pero ahora la Madre se ha convertido en el Gurú de los gurús. ¿Dónde reside la maravilla de todo esto? En el hecho de que la Gracia de la Madre Universal ha posibilitado que todos los gurús hayan sido lo que fueron. Así pues, cuando la Deidad decide vivir conforme a cualquiera de esos roles, lo hace, como si de un juego de niños se tratara.

A finales de noviembre de 1982, la Madre y un grupo de nosotros fuimos durante diez días en peregrinaje a Tiruvannamalai. Esta era la primera vez que la Madre dejaba la aldea por tanto tiempo, y también la primera vez que los *Krishna* y *Devi Bhava*s no se realizarían desde sus orígenes en 1975. Un lunes por la mañana tomamos el tren, después de una noche de *darshan*, y llegamos al día siguiente. Éramos unos cuarenta o cincuenta, y todos nos ubicamos en las dos casas que construí mientras residí allí. La Madre daba *darshan* en la casa por las mañanas, y venían a verla muchos devotos que vivían por los alrededores y en el ashram. Por las tardes, entonaba cantos devocionales en Ramanashram, frente a la tumba de Ramana Maharshi o capilla del *samadhi*, como allí la llamaban. A la mañana siguiente, un *sannyasin* llamado Swami Kunju, vino a visitar a la Madre. Había nacido en Kerala y era un discípulo del famoso santo Guru Narayana, que había vivido a principios de siglo. Guru Narayana llevó a Swami Kunju a Tiruvannamalai cuando era joven y se lo encomendó a Ramana Maharshi para su crecimiento espiritual. Ahora ya tenía más de ochenta años, pero la Madre lo trataba como si fuese un niño de cinco años, y él disfrutaba como un hijo con su madre. Cuando se sentaba en meditación, ella colocaba su mano sobre la cabeza afeitada del Swami y bailaba una pequeña melodía mientras giraba una y otra vez a su alrededor. Un amigo mío de Tiruvannamalai me dijo que cuando dejé el ashram para ir junto a la Madre, a principios de los ochenta, Swami Kunju había dicho:

"Nealu no hubiera abandonado jamás este lugar si la Madre de allí, de Kerala, no fuera Parashakti (la Energía Suprema)". Y se le puede ver en su expresión que de verdad mira a la Madre como a una Diosa Encarnada.

"Un día, repentinamente, la Madre salió sola de nuestra residencia. Obviamente se trataba de una fuga, pues no quiso que nadie la siguiera. Como fui la única persona que la vio marchar, inmediatamente puse en una bolsa algunos plátanos, galletas y agua, y corrí tras ella. Habiendo sido testigo de la ausencia de conciencia de la Madre respecto a su cuerpo, supe que seguramente se perdería. La seguí a distancia mientras caminaba alrededor de la Colina de Arunachala en un estado de arrebato espiritual. Los demás, viéndome salir, me siguieron pisándome los talones. Pronto me dieron alcance y seguimos a la Madre, quien en esos momentos caminaba a un fuerte ritmo. Gradualmente fue desapareciendo en la distancia, dejándonos atrás".

Más tarde hablando con Srikumar, me informó de lo que sucedió. Dijo: "Una persona vino corriendo hacia nosotros diciéndonos, 'Amma se ha perdido. ¡No está en ningún sitio donde la podamos encontrar!' Oyendo esto, enseguida alquilamos una carreta de caballos y comenzamos a recorrer detenidamente la Colina de Arunachala buscando a Amma. El día anterior, mientras subíamos la colina con ella, visitamos muchas cuevas a ambos lados de la misma. Amma se introducía en cada una para meditar y sólo después de insistirle mucho, lográbamos persuadirla para continuar. Mientras descendíamos la montaña, Amma nos dijo: "No me apetece bajar, pero es por vosotros hijos, que tengo que contenerme". Así que intuimos que Amma estaría sentada en alguna de esas cuevas, pero ¿cómo encontrar a Amma entre las innumerables cuevas de esa inmensa colina? Todos estábamos preocupados.

"Finalmente, la carreta de caballos alcanzó la base de la colina. Después de recorrer varias millas, de forma repentina tuvimos un destello de la forma de Amma, caminando a lo lejos. Corrimos tras ella y, al acercarnos, descendimos del carro. Fue glorioso el verla. Caminaba y se tambaleaba como si estuviera en éxtasis. Su cuerpo entero vibraba y sus manos mostraban un *mudra* sagrado (gesto místico de la mano). Sus ojos se encontraban entreabiertos, y una sonrisa de dicha se esbozaba en su rostro. ¡Parecía la Diosa Parvati circunvalando al Señor Shiva! La seguimos y ordenamos al carretero que hiciera lo mismo. Comenzamos a entonar cantos védicos y a cantar *bhajans* en voz alta. La colina nos devolvía el canto con el eco. La bienaventuranza del *samadhi* que irradiaba Amma, junto al gozo de los cantos y recitaciones, nos bendijo a todos con esta sublime experiencia.

"Finalmente, tras haber seguido a Amma desde la distancia, se giró y nos obsequió con una mirada de amor indescriptible. ¡Su contemplación estaba tan impregnada de compasión y poder, que parecía que estuviera quemando todos nuestros *karmas* y *vasanas* (hábitos profundamente arraigados)! Lentamente, Amma descendió a nuestro nivel. Pronto empezó a reir y nos hablaba afectuosamente. Un poco cansada por la larga caminata, se sentó bajo un árbol por unos minutos. A pesar de nuestra insistencia, rehusó subir a la carreta y, al poco, volvió a levantarse para seguir caminando; y así, todos anduvimos las ocho millas alrededor de la colina.

"Hacia el final de la circunvalación, vimos a un encantador de serpientes tocando su flauta al borde del camino. Amma fue y se sentó junto a él, observando con gran interés cómo bailaba la serpiente al son de la música de la flauta. Como una niña pequeña, Amma preguntó: "Hijos, ¿por qué las serpientes no tienen ni manos ni piernas?" Su pregunta inocente nos hizo reír. Entonces nos dio la respuesta: "En los nacimientos anteriores, no usaron de forma correcta sus manos y sus piernas. Hijos, mantened en la mente que un nacimiento como éste podría ocurrirnos a cualquiera si no hacemos buen uso de lo que Dios nos ha dado.

"Ahora su expresión facial había cambiado completamente, revelando la seriedad y majestuosidad del Gurú. "Hijos, continuó, Amma sabe que la amáis más que nada. No podéis pensar en otra forma de Dios que no sea la de Amma. Por eso, no es necesario que circunvaléis la colina. No obstante, debéis convertiros en un modelo para la sociedad y ser un ejemplo a seguir. En los tiempos antiguos, la gente era capaz de ver a Dios en sus gurús. Pero, en la época actual, pocos son los que tienen ese poder de discernimiento. Por tanto, tales ritos convencionales son de utilidad para el hombre corriente. Con vuestro ejemplo, la sociedad tiene que aprender a seguir tales prácticas. Así, en un futuro, oficiad siempre esos rituales con la intención de redimir a la humanidad. La misma Amma realiza estas prácticas para enseñaros el camino adecuado."

Todos permanecimos sentados en un silencio reposado, absorbiendo las palabras de Amma. Poco después Amma continuó: "Hijos, no estéis tristes pensando que Amma siempre os está corrigiendo. Jamás penséis que Amma no os quiere. Únicamente es el amor desbordante de Amma lo que hace que os esté instruyendo. Hijos, sois el tesoro de Amma. Cuando Amma renunció a todo, sólo había una cosa a la cual no podía renunciar era a vosotros, mis niños. Amma tan sólo se alegra verdaderamente, cuando ve que os vais convirtiendo en la Luz del mundo. Amma no necesita vuestras oraciones o servicio. Amma lo único que pretende es veros adquirir la fuerza para soportar las cargas y sufrimientos del mundo."

El néctar de las palabras profundas de Amma hizo que nuestros egos se desmoronaran sobre el suelo. Arrojándonos a sus pies suplicamos, 'Oh, Madre, ¡por favor haznos nobles! Haznos tan puros que nuestras vidas sean sacrificadas por la salvación de todo el mundo."

Después de cuatro horas, finalmente regresé con una bolsa vacía, tras haberme comido todas las provisiones. Mientras entraba en casa con esa bolsa vacía en mi mano, la Madre inmediatamente captó la situación y estalló de risa, mientras me preguntaba: "¿Me has traído algo de comer?"

Nuestra visita coincidió con el Festival Dipam, una celebración a la que acuden miles de devotos de todo el Sur de la India. Un fuego sagrado se prende en lo alto de la Colina de Arunachala representando la luz de la iluminación espiritual resplandeciendo en la oscuridad de la ignorancia. Una mañana todos fuimos al pueblo y vimos el festival de la carroza, en donde imágenes de las deidades locales se colocan en una enorme y ornamentada carroza tallada en madera de más de cien pies (más de 30 metros) de altura, y es arrastrada con cuerdas en procesión. Fue una jornada de gozo, que todos retuvimos en nuestras mentes. Mientras la Madre permanecía en uno de los balcones para ver la procesión, un advadutha llamado Ramsuratkumar, se le acercó. Había sido discípulo del célebre Swami Ramdas de Kanhangad, al norte de Kerala, y era muy reverenciado en Tiruvannamalai por su santidad. Ataviado con harapos, tenía una gran barba y en su mano llevaba un abanico. En la presencia de la Madre, se transformó en un niño pequeño, mientras la miraba como a su madre espiritual. Este hecho hizo abrir los ojos a los lugareños sobre quién era en realidad la Madre. Después de diez días gozosos en Tiruvannamalai, regresamos al ashram.

Un día, la Madre decidió que había llegado el momento de construir dos cabañas, además de la que ya existía, pues con la llegada paulatina de residentes permanentes se necesitaban más habitaciones. La Madre no quiso permitir que viviéramos siempre bajo las estrellas; pero, el haber vivido de esa forma, fue sin

Amma con devotos en Arunachala (Skandashram)

duda una buena prueba para nuestro desapego. La Madre pensó que un aspirante espiritual finalmente debería tener un espacio propio para practicar su *sadhana*. Me encargué de supervisar este trabajo. Algunos trabajadores acudieron para construir las chozas. Diseñé un plano y se lo mostré a la Madre. En el mismo se emplazaban, de forma separada unas de otras, tres cabañas en forma de U. Pensé que de este modo se mantendría un espacio abierto y que posibilitaría la entrada de la brisa a cada una de las construcciones. Me parecía una buena idea. Los trabajadores empezaron a instalar los andamios que permitirían levantar la estructura y anudaron las palmas de los cocoteros sobre la misma. En ese momento la Madre salió del templo y observó la manera cómo se estaban desarrollando las obras.

"¿Quién os ha dicho que hagáis esto?" gritó la Madre. Todos se giraron hacia mí. Repentinamente mi orgullo arquitectónico se esfumó. "¿Quién te ha pedido que orientes las cabañas de ese modo?", me preguntó la Madre.

"Madre, vistes el plano y distes tu consentimiento", repliqué.

"No recuerdo haber visto ningún plano. ¡Rómpelo! A nadie se le ocurriría construir las cabañas situándolas unas frente a otras. ¡Sólo piensas en buscar el modo de estar más cómodo, en la manera en que la brisa entre en ellas! ¿No te has parado a pensar en las reglas que establecen las Escrituras? ¡No! Esas normas no permiten que las casas se construyan de esa manera". Tras estas observaciones, la Madre regresó al templo. Descorazonado, ordené a los trabajadores que deshicieran todo lo hecho hasta el momento. Entonces me volví hacia Balu y dije: "¿Qué sentido tiene todo esto? Es muy difícil entender a la Madre".

"Ten calma, no te impacientes. Deja que la Madre haga lo suyo. Esta es su manera para desarrollar en ti la entrega", dijo Balu.

A los dos minutos, de nuevo la Madre apareció y observó cómo se empezaban a desmantelar las cabañas. "¿Qué están haciendo? Diles que continúen construyéndolas del modo en que originalmente fueron planificadas. De lo contrario, ¿cómo va a entrar la brisa en ellas?", apuntó la Madre.

"Pero Madre, ¿qué hay de las reglas de las Escrituras?", pregunté.

"¿Reglas? No hay normas para construir chozas, éstas sólo se emplean para los edificios convencionales". Tras esta afirmación, la Madre volvió una vez más al templo.

Si algún espectador ajeno a todo hubiese presenciado lo acontecido, probablemente habría etiquetado a la Madre de irrazonable o incluso de loca. Sin embargo, la manera en que la Madre trata con las mentes de sus discípulos se ajusta perfectamente a las tradiciones pasadas y presentes. Marpa, el Gurú del famoso yogui tibetano Milarepa, ordenó a su discípulo construir, hasta siete veces, una torre antes de concederle la iniciación. Hoy en día a Milarepa se le considera el yogui más grande de la historia del Tíbet.

Como ésta, hay otras muchas historias en las que se cuenta cómo los Gurús han sometido a sus discípulos a pruebas de renuncia y obediencia. Un anciano Gurú, mayor de cien años, quería nombrar a su sucesor. Al haber muchos candidatos, decidió ponerles a todos una prueba. Pidió a cada uno de ellos que construyeran una plataforma de tierra. Todos echaron a correr y a llenar capazos de tierra para levantar ese soporte. Cuando finalizaron su tarea, el Gurú les dijo: "Lo siento, pero estas plataformas no son tan buenas como esperaba. ¿Podríais derruirlas y construirlas de nuevo?"

El Gurú les dijo, una vez hechas de nuevo: "Este no es un lugar idóneo. Por favor, construidlas de nuevo en aquel otro emplazamiento".

Cuando se terminaron de nuevo, el Gurú regresó para inspeccionarlas: "Hmmm…, no me acaba de gustar tampoco esta ubicación, así que ¿por qué no las volvéis a levantar allí?"

Muchos de los discípulos comenzaron a pensar que la edad de su Gurú lo había vuelto senil y que ya no era dueño de sus sentidos. Así que, muchos de ellos, abandonaron su tarea, quedando sólo unos pocos como candidatos para suceder al Gurú. Pero una y otra vez, las obras de éstos fueron sistemáticamente rechazadas.

Después de algún tiempo, sólo quedó un candidato, un hombre de mediana edad. Viéndole permanentemente construyendo y derruyendo sus edificaciones, los otros discípulos comenzaron a mofarse de él con sarcasmo, acusándole de loco al intentar dar satisfacción a un Gurú que ya no se encontraba en sus cabales. El discípulo se detuvo un momento en su tarea y les dijo:

"Hermanos, el *Satgurú* (Maestro Autorrealizado) no está loco. El mundo entero se encuentra enfermo y el único sano es el *Satgurú*. El mundo entero está ciego y sólo el *Satgurú* puede ver". Todos le replicaron que tanto él como el Gurú, indudablemente estaban idos. "Podéis decir lo que os plazca sobre mi humilde persona, pero no dirijáis ni una sola palabra irrespetuosa a mi *Satgurú*. Aunque tenga que pasar el resto de mi vida construyendo en obediencia a su deseo, por su Gracia continuaré haciéndolo".

Al final, el discípulo, cariñosamente, hizo y rehízo la edificación hasta setenta veces. Entonces el Gurú le dijo: "Detente ya. Estoy muy satisfecho contigo, ya que has sido el único que te has entregado completamente a mi voluntad y deseos". Y dirigiéndose al resto, les dijo: "Ninguno de vosotros me ha obedecido, y esta es una de las primeras normas de un auténtico discípulo: rendir al Gurú vuestro amor y devoción total, tener una fe superior en él y obedecer sus deseos con un corazón alegre". Así que el Gurú hizo a ese discípulo sucesor de su tradición.

La entrega a un Alma Realizada es algo que sucede cuando el discípulo siente por él un profundo amor y respeto. Enfrentar al discípulo a una serie de dificultades únicamente es con el fin de fortalecer intensamente esos sentimientos.

Después, esa misma tarde, y mientras nos sentamos alrededor de la Madre, al intuir cuáles habían sido mis pensamientos aquel día y atendiendo a su extraño modo de actuar, dijo: "La entrega no es algo que deba forzar el Maestro. La entrega sucede de forma natural en el interior del discípulo. Hay un cambio en su actitud, en su comprensión y en la manera de hacer las cosas. Un cambio acontece en el mundo interior y el enfoque total de la vida varía. Un verdadero Maestro jamás forzará la entrega del discípulo. Forzarle le podría ocasionar algún tipo de daño, es como si se lastimara el capullo de una flor al abrir sus pétalos a la fuerza. Tal presión destruiría la flor. La apertura es algo que sucede de forma espontánea, una vez que las circunstancias apropiadas se han generado. El Maestro lo que hace es crear las situaciones que conducirán a esa apertura. En realidad, un auténtico Maestro no es una persona; no es el cuerpo, ya que está desprovisto de ego. Su cuerpo simplemente es un instrumento con el que carga, y gracias al cual puede estar en este mundo para el beneficio de la humanidad. Cuando dos personas tratan de imponer mutuamente sus ideas, es que están identificadas con sus egos respectivos. Pero un *Satgurú*, que es la personificación de la Conciencia Suprema, no puede forzar nada ni a nadie, porque se encuentra más allá de la conciencia del cuerpo y de la mente. Los Maestros son como un espacio abierto o como un cielo sin límites. Simplemente existen.

"Si alguien te presiona con sus normas o ideas, deberías saber que es un maestro falso, aunque se autoproclame un Maestro Auto-Realizado. Un verdadero Maestro no pretende nada. Simplemente está ahí. No le preocupa en absoluto si te entregas a él o no. Si te entregas, obtendrás un beneficio y, sino, seguirás siendo el mismo.

En cualquier caso, el Maestro permanece inalterado. En su mera presencia, la apertura se da de forma natural. El Maestro no hace nada en particular para que esto ocurra. Él es el único que puede examinarte sin enseñarte nada con anterioridad. Su sola presencia genera automáticamente una corriente continua de situaciones, en las cuales se puede experimentar la Realidad Suprema en su totalidad. Pero al no pretender nada, no hay ninguna fuerza implicada. La entrega se desarrollará en tu interior, gracias a la tremenda inspiración que se recibe ante la presencia física del Maestro, ya que personifica todas las cualidades divinas. En él se puede observar la genuina entrega y aceptación y, de este modo, se te proporciona un auténtico ejemplo en el que puedes inspirarte". Esto debería responder a cualquier pregunta que pueda plantearse en la mente del lector. ¿Por qué un verdadero Gurú en ocasiones actúa de una forma irrazonable, contradictoria o incluso loca? Sólo es para dar a sus discípulos la oportunidad de entregar sus mentes y, así, poder recibir el Conocimiento Divino. En tanto exista la mente individual, el discípulo no podrá alcanzar la Sabiduría. El discípulo que pretenda mantener su individualidad no logrará fusionarse en la Mente Universal. Para ello son necesarias la entrega y la obediencia. La meditación, el estudio y otras disciplinas espirituales son bien sencillas si las comparamos con la entrega al Gurú. Por favor, recordad que no es la rendición de una persona a otra. Cualquier Gurú que realmente merezca dicho título, ha alcanzado la unidad con la Realidad Trascendental. Su individualidad se ha disuelto en la Existencia Universal y se ha convertido en un instrumento de Eso. Entregarse al Gurú implica entregarse a Dios, fusionarse con Dios y ser uno con Él. Todas las extrañas palabras y acciones de la Madre deben ser vistas desde esa óptica.

Un día se encontraba la Madre sentada en la baranda del templo y con la espalda apoyada en la pared. Un devoto le había llevado una pequeña bolsa con una mezcla de cacahuetes tostados, lentejas, guisantes y otras legumbres secas especiadas con sal y chile. La Madre, como de costumbre, los esparció sobre el suelo y fue comiendo unos pocos. Un grupo de cuervos se acercaron y empezaron a picotear la comida. Uno de ellos comenzó a pelear con el resto para evitar que se acercaran a los cacahuetes. Finalmente logró ahuyentar a sus compañeros y permaneció inmóvil mirando a la Madre, sin comer nada. Entonces la Madre ensalzó al cuervo que adquirió un rostro inusualmente amable.

"Por algún motivo, siento un especial afecto hacia este cuervo. Por favor, dale algo de comer", me dijo la Madre. Cuando me levanté a buscarle unos frutos secos, el cuervo saltó repentinamente y fue a sentarse en el regazo de la Madre. Allí permaneció unos momentos para deleite de todos. Finalmente, dio otro salto, picó el anillo de la nariz de la Madre y echó a volar.

Al día siguiente, mientras me encontraba tendido sobre una estera a la orilla de la marisma, el mismo cuervo se acercó y se posó sobre mi barriga. Allí se quedó mientras permanecí inmóvil. Hasta le acaricié la cabeza sin que objetara nada. Este comportamiento era poco corriente en un cuervo, ya que generalmente son muy temerosos de la gente o extremadamente agresivos y arrogantes. El mismo cuervo siguió volviendo durante unos días.

Pero, un día, lo encontramos flotando en el agua dentro de un depósito descubierto que se encuentra junto a la habitación de la Madre. Lo sacamos de allí y encendimos un fuego para darle calor, ya que todavía se encontraba con vida. La Madre, al vernos encender el fuego junto al agua, se acercó para averiguar qué estaba sucediendo. Al acercarse, cogió al cuervo moribundo y lo arrulló cariñosamente hasta que murió en sus brazos. ¡Qué bendición para el cuervo, ya querríamos todos morir como él en los brazos de la Madre Divina!

Por esas mismas fechas, mi madre me escribió desde Estados Unidos comunicándome que le gustaría pasar un tiempo conmigo.

Cada tres o cuatro años venía a verme a la India o nos encontrábamos en un punto intermedio. Esta vez quería ir a Israel y Egipto. Con el permiso de la Madre partí hacia Bombay y obtuve los visados y los billetes de avión para volar a Egipto.

Nunca había estado en Oriente Medio. En comparación a la atmósfera apacible del Sur de la India, el sentimiento que percibí allí era muy hostil. Visitamos las pirámides junto a El Cairo y luego nos dirigimos al sur, al Valle de los Reyes y las Reinas, cerca de Karnak. Sea como fuere, los vestigios de una cultura muerta no me atraían en exceso. Después de todo, la antigua cultura de la India es tan remota como la civilización egipcia, a diferencia de que la primera todavía subsiste hoy igual que hace miles de años. La única cosa que realmente encontré interesante fue el enorme templo de Karnak, desenterrado por arqueólogos en el siglo XIX. Su construcción era exactamente la misma que la de los antiguos templos de Shiva de Tamil Nadu, en la India. Al igual que estos templos shivaitas, a modo de entrada se erigían las altas torres y, una vez dentro, el recinto se componía de grandes paredes y salas con pilastras. Había incluso imágenes de un dios y una diosa, un gran estanque de agua destinado al baño purificador y vehículos que permitían, a lo largo del año, desplazar a las deidades de un lugar a otro. ¡Era exactamente igual que en casa!, aunque la escala de los templos egipcios era diminuta en comparación con los de la India. Me sentía como un microbio mientras permanecí en la gran sala de los colosales pilares. Pensé que a todos les gustaría ver estos viejos templos, así que compré algunas diapositivas para llevarlas de regreso a la India.

Después viajamos a Israel. Anhelaba visitar todos los santos lugares asociados a la vida de Jesucristo. Después de haber vivido en la India durante más de quince años con numerosos Santos Realizados, se despertó en mí una verdadera admiración por Cristo como un Alma Realizada y una Encarnación de Dios.

Disfruté visitando su lugar de nacimiento, los sitios por donde hizo milagros y el Calvario, en donde dio su último suspiro. Fue en este lugar donde pasé más tiempo en meditación. A pesar de haber transcurrido más de dos mil años desde su muerte, todavía se podía sentir la santidad de aquellos lugares que frecuentaba.

Finalmente regresé a la India, contento de estar de nuevo en casa. A la noche del dia de mi llegada, decidimos proyectar las diapositivas que traía de Egipto e Israel. Mientras las iba comentando, la Madre se unió a nosotros en la sala de meditación. La Madre no parecía muy interesada hasta que apareció el templo egipcio que había estado sepultado por la arena. Viéndolo, dijo: "Mirad, os he estado diciendo que bajo esta misma sala de meditación, se encuentra mi anterior ashram. Y si uno profundizara todavía más, encontraría un templo con las tumbas de muchos monjes. Todo quedó sepultado por las olas de la marea y la arena. Si los científicos han podido encontrar todo un complejo de templos bajo la arena de Egipto, ¿por qué no va a ser posible que lo que estoy diciendo sea verdad?

En distintas ocasiones la Madre había mencionado que bajo el actual ashram se encuentra uno anterior. Tambien comentó que en este mismo lugar no había habido un ashram desde hacia más de mil años. Así que si ponemos en común estas dos afirmaciones, podemos deducir que el anterior nacimiento de la Madre sería por aquellas fechas. Probablemente no haya sido accidental que, de todos los hermanos y hermanas de la Madre, ha sido la única que ha nacido en este lugar, a diferencia de los otros que lo han hecho en hospitales de los pueblos vecinos. Es también muy conocida la anécdota que cuenta que, hace muchos años, un monje mendicante se detuvo frente a la casa de la familia de Amma, cuando su padre era un niño, y comenzó a reír de una manera alborotada. Cuando se le preguntó por el motivo de sus carcajadas, contestó que ese lugar era sagrado y que en él se encontraban enterrados muchos santos. Una cosa es cierta, aquellos que han venido aquí han podido sentir la inusual paz que invade la atmósfera. ¿Quién puede decir si es debido a la presencia sagrada de la Madre o a lo acontecido en el pasado, o tal vez a ambas?

La Madre dice que un lugar se convierte en sagrado no por sí mismo, sino porque un santo o un sabio han vivido allí. El efecto de su aura radiante sigue permaneciendo en el lugar, incluso después de miles de años. Hay numerosas verdades que no pueden ser vistas y que afectan a nuestro mundo. Viviendo junto a la Madre se puede desarrollar, de forma natural, la fe en estas verdades sutiles.

Al ver las diapositivas de los santos lugares cristianos, se entabló una viva discusión acerca de las grandes diferencias entre el origen de los principios del amor y la renuncia enseñadas por Jesús, y las formas posteriores en las que ha evolucionado el cristianismo, desembocando algunas veces en guerras y disputas. La Madre fue directamente al centro de la cuestión diciéndonos: "Los postulados esenciales de todas las religiones enseñan el amor, la paz y la armonía. Los Maestros espirituales nunca han predicado el egoísmo, ni han animado a las personas a que se traten de forma injusta ni les han instado a que se peleen entre sí. El problema no se encuentra en la religión o la espiritualidad, sino en la mente humana. Los problemas y conflictos que existen en la actualidad en nombre de la religión, se deben a la falta de un entendimiento correcto sobre los fundamentos religiosos".

"En esta era moderna, la gente vive más centrada en sus mentes que en sus corazones. La mente es confusa. La mente es el lugar donde reside el egoísmo y la injusticia. La mente es la sede de todas nuestras dudas y el intelecto es la morada del ego. Cuando te apoyas exclusivamente en la mente y en el ego, no te preocupas de los demás y sólo piensas en ti mismo".

"Los intelectuales interpretan las enseñanzas de las Escrituras y de los Maestros de sus religiones para ajustarlas a sus propias ideas. La gente desprevenida cae fácilmente presa de quienes distorsionan la verdad, lo que provoca que todos caigan en conflicto consigo mismo y con los demás. Esto es lo que sucede en la sociedad moderna. Los intelectuales se han convertido en líderes y asesores reverenciados. Sus seguidores los idealizan y adoran como si fueran Dios. Y de hecho, se han olvidado de Dios. Han llegado a ignorar la verdad y los fundamentos esenciales de la religión, el propósito y prácticas de la misma".

"Desafortunadamente, al morir un Maestro, se sitúan dichos intelectuales al frente de las religiones. Únicamente un alma rebosante de amor y compasión puede guiar a la humanidad y llevarla a la luz por el camino de la religión. Sólo un Maestro como éste puede unir a la gente y ayudar a hacerles comprender la verdadera importancia de la religión y sus principios. Pero el corazón se ha olvidado".

"Nadie que haya alcanzado cierta comprensión de la religión puede descalificarla, ni tampoco a sus Maestros, por las calamidades que están sucediendo hoy día en nombre de la religión. La culpa es de los pseudo maestros religiosos y no de los inocentes seguidores. Los tal llamados maestros quieren imponer sus propias ideas y visiones a los demás. Y los inocentes seguidores poseen una completa fe en sus palabras y en sus falsas interpretaciones. El intelecto es mucho más poderoso que la mente. La mente es intrínsicamente débil. El intelecto posee la determinación, mientras que la mente está siempre dudando, vacilando y en movimiento. Los intérpretes intelectuales de casi todas las religiones tienen la determinación de convencer a la gente. Sus descomunales egos y su determinación pueden fácilmente imponerse a sus seguidores y, en consecuencia, salen victoriosos sobre los inocentes creyentes".

"Estos intelectuales carecen totalmente de una verdadera fe, amor y compasión. Su *mantra* es el dinero, el poder y el prestigio. Así pues, no culpéis a la religión, a la espiritualidad o a los verdaderos Maestros por los problemas que existen en el mundo actual. No hay nada erróneo en la espiritualidad o la genuina religión. El problema reside en la mente del hombre".

Cuando por primera vez vine a la Madre en enero de 1980, los únicos edificios existentes eran los de su casa familiar, el pequeño *kalari* o templo en donde se daba *darshan* durante los *Krishna* y *Devi Bhavas*, y una cabaña con techo de paja y sin paredes en la cual los devotos podían guarecerse de la lluvia o el sol. Durante un tiempo estuve durmiendo en la casa, y la Madre y Gayatri descansaban en el templo. La cocina corría a cargo de su familia. Sin embargo, más tarde, quisimos separarnos de su familia, ya que no tenían la misma actitud que la nuestra respecto a la Madre. Siempre la miraban como a su hija o hermana. Debió ser un gran cambio para ellos, ya que hasta nuestra llegada la Madre había sido la sirvienta de la familia y ahora estábamos tratando de servirla a ella. Las pertenencias personales de la Madre eran inexistentes; hasta la ropa que llevaba la compartía con sus hermanas y descansaba en el exterior cuando se encontraba agotada, incluso si llovía. No tenía ni siquiera una estera, y mucho menos una almohada o manta. Durante los *Bhava darshan*, permanecía de pie en el templo por más de doce horas seguidas. Abarrotado de devotos, el templo no tenía ventilación alguna y no disponíamos de un ventilador. Así y todo, jamás la Madre se quejó. Era la personificación de la renuncia y la entrega. Ya fuera placentero o doloroso, lo aceptaba todo como proveniente de la voluntad de Dios. Ella era y es el ideal en todos los sentidos. Su vida es un ejemplo a seguir por todo aspirante espiritual verdadero, por cualquier ser humano. Decía: "Un verdadero Maestro siempre será un ejemplo para sus discípulos. Un verdadero Maestro, a pesar de encontrarse más allá de toda ley o límite, se ajusta estrictamente a la moral y a los valores éticos. Sólo entonces puede ser un ejemplo para los demás. Si el Gurú dijera: "Mirad, estoy más allá de todo y, por lo tanto, puedo hacer lo que me plazca; simplemente obedecedme y haced lo que os diga". Esta actitud únicamente perjudicará al discípulo. Un verdadero Maestro jamás dirá o hará tales cosas. Todos los grandes Maestros del pasado, los antiguos santos y sabios, fueron perfectos, vivos ejemplos de nuestros más altos y nobles valores. Aunque el Gurú se encuentre más allá de su conciencia corporal y desprovisto de cualquier debilidad humana, no sucede lo mismo con sus discípulos. Éstos se identifican todavía con el cuerpo y el ego, y por ello necesitan un ejemplo vivo, una personificación de las cualidades divinas, a las que atenerse. Los discípulos extraen toda su inspiración del Maestro. Por lo tanto, un auténtico Maestro concede gran importancia al desarrollo de una vida ejemplar fundamentada en la ética y la moralidad".

Nos sentíamos afortunados sirviendo a la Madre con una estera, unas sábanas, una almohada o algo con que comer. Sin duda este tiempo fue una bendición para nosotros, ya que se iban presentando muchas oportunidades de servir al Gurú, ya fuera con ropa, comida, algo para dormir u otras necesidades básicas. La Madre lo aceptaba todo, no por necesidad sino para satisfacernos, para hacer posible que la sirviéramos.

Hay una historia de un hombre rico que fue a un templo y ofreció a la deidad una bolsa con cinco mil monedas de oro. El sacerdote cogió el dinero como si de nada se tratase y se lo llevó a la oficina. El hombre se quedó molesto. "¿Sabes que hay cinco mil monedas de oro en esa bolsa?", inquirió al sacerdote. Éste asintió con la cabeza. "¿Estás seguro de que has comprendido lo que te he dicho?", insistió el hombre. El sacerdote le contestó: "Ya lo has dicho antes. ¿Crees que estoy tan sordo como para no oírte?" El hombre, enervado, replicó: "Cinco mil monedas de oro son muchas, incluso para un hombre rico como yo". El sacerdote lo miró con pena y le dijo: "Escuche, señor, ¿acaso espera que le agradezca algo, que le dé las gracias?" "Bien, al menos eso no sería mucho pedir", le contestó el hombre. "Espere un minuto. Iré a por las monedas y se las devolveré. Debería estar agradecido porque aquí se las hayamos aceptado. El dador tiene que estar agradecido, ya que si el regalo no se acepta, ¿cómo puede obtener algún beneficio el que da?", preguntó el sacerdote.

Un mes más tarde, decidimos que construiríamos una cabaña para vivir separados de la familia. Tenía un poco de dinero, lo suficiente para comprar los materiales. Pronto tuvimos la casa, dieciocho pies de largo por nueve de ancho (5.4 por 2.7 metros). La mitad servía de cocina y la otra mitad de lugar de descanso. Desde luego descansar no significaba holgazanear, ya que la Madre raramente duerme y, en consecuencia, casi las veinticuatro horas del día había gente con ella en la cabaña. No recuerdo haber visto apagarse la luz en los dos años que vivimos todos juntos allí. Por esas fechas, la Madre, Gayatri, Balu y yo nos quedamos en forma permanente. Este fue el origen del ashram.

A los dos años, un devoto que ocasionalmente solía visitar a la Madre, construyó otra pequeña cabaña junto a la nuestra. Este fue el primer albergue para huéspedes en el ashram. Después de uno o dos años, se construyeron otras dos cabañas más. Las utilizaban los nuevos residentes, los *brahmacharis* que habían venido a quedarse. Por aquel entonces éramos unos diez o doce. Aunque todos teníamos un lugar donde descansar, había muchos problemas y tuve el propósito de solucionarlos. Lo primero y principal era la privacidad de la Madre y su descanso. Como las paredes de la habitación de la Madre estaban hechas con hojas de palma trenzadas, la gente no dudaba en llamarla desde fuera o incluso mirar entre las palmas a ver si se encontraba allí. A nadie le preocupaba averiguar antes, si estaba descansando o no, o si había estado varios días y noches sin dormir. Únicamente les interesaba presentarle a Amma sus problemas, sin considerar nada más. Algunas veces, la Madre se acostaba a las cinco o las seis de la madrugada, después de haber estado despierta la noche entera. Y justo en los primeros diez minutos de su descanso, alguien venía de fuera, se postraba, tocaba sus pies y la llamaba hasta despertarla, simplemente para decirle que regresaba a casa. Al ver que esta situación se repetía una y otra vez, me vi en la tesitura de encontrar una solución al problema. Pero, ¿qué podía hacer? Habría sido maravilloso poder construirle una habitación convencional con ladrillos y hormigón, con puertas y ventanas auténticas para que la Madre tuviera un poco de privacidad. También hubiera estado bien que tuviera un cuarto de baño propio, ya que utilizaba el baño común, permaneciendo en fila como todos. El aseo estaba hecho con unas pocas palmas de cocotero dispuestas alrededor de unas piedras. Era como los de la aldea: se construían con cuatro palos a los que se les ataba unos sacos de yute, que se levantaban sobre la marisma, mientras que otros pocos palos hacían de plataforma para permanecer de pie. Aquellos que vienen al ashram y se sienten un tanto incómodos por no poder disponer de un baño en su habitación, deberían conocer las condiciones que, años atrás, tuvieron que soportar la Madre y los demás ashramitas. ¿Y qué decir del ventilador? El único ventilador que había en el ashram era un viejo artefacto que se utilizaba en el templo durante los *Bhava darshan*. Más tarde se emplazó en la cabaña de la Madre para mantener alejadas las voces de la gente y, de esta manera, pudiera -de tanto en tanto- descansar. Todos nos vaciamos los bolsillos para poder adquirir otro ventilador, ya que el calor en el interior del templo era sofocante en verano. Toda el agua que empleábamos tenía que ser traída desde el grifo del poblado y lo hacíamos entre todos nosotros y tambien la hermana menor de la Madre. Esta tarea no era nada fácil ya que esta fuente se encontraba a unas cincuenta yardas (cerca de 46 metros) de la casa y allí, siempre, se congregaban unas veinte o treinta mujeres esperando su turno. Esto normalmente sucedía hacia la medianoche o más tarde.

Otro problema era que ninguno de los *brahmacharis* tenía un lugar donde meditar. La mayoría de las veces tenían que desocupar sus cabañas para acomodar a los visitantes, y ellos descansaban bajo los árboles. Con frecuentes visitantes viniendo a todas horas, no había ningún lugar donde uno pudiera ir a meditar sin interrupción. Una sala de meditación y una habitación para la Madre eran una pura necesidad, pero ¿cómo conseguir el dinero para construirlas? La Madre nos prohibió estrictamente pedir dinero a nadie para cualquier propósito. Por eso, aprendimos a depender de Dios en todo. Como resultado, se produjeron muchas situaciones interesantes. Había épocas en las que la Madre tenía que ir a la ciudad con un platillo para que los *brahmacharis* pudieran comer algo. Una vez mandó a Balu a su pueblo para que trajera arroz, pues no teníamos dinero para comprarlo. Justo en el momento en que iba a partir llegó un giro postal, lo que nos permitió comprar una bolsa de arroz.

Yo planteé la idea de construir una sala de meditación y le pregunté a la Madre sobre ello. Lo rechazó totalmente. Dijo que antes había que construir más refugios para los devotos visitantes. Sorprendentemente, al cabo de muy poco tiempo, diferentes devotos donaron ladrillos, arena, cemento, madera y baldosas, y pudimos construir una sala adecuada para que los visitantes pudieran dormir durante las noches de *darshan*. Antes de retirarse a su cabaña, la Madre iba a ver a cada uno para asegurarse de que estaban cómodos. No había mucho más que pudiéramos ofrecerles que un espacio en el suelo, pero las amorosas preguntas de la Madre les hacia sentirse más cómodos, incluso, que si hubiesen estado en su casa en una cómoda cama.

Al tener un lugar donde los devotos podían descansar, existía ahora la posibilidad de construir una habitación para la Madre y una sala de meditación para los residentes del ashram. Un día, la idea de ir a América para intentar recaudar algo de dinero para este fin, se iluminó en mi mente. Al mismo tiempo luchaba contra la idea de ir, pues yo no quería alejarme nunca de Vallickavu o de la India mientras viviese. Sentía que mi bien espiritual dependía de eso. Aun así, la idea me seguía viniendo una y otra vez. Cuanto más intentaba evitarla, más se repetía. Finalmente, fui a la Madre y le comenté la idea.

"Hijo, esta idea no es tuya, es mía. Los hijos necesitan un lugar donde puedan meditar sin interrupciones. No quería decirte que fueras a América con ese propósito, pues sé que no te gusta marcharte de aquí, pero parece que no hay más remedio. Ve, pero no te sientas defraudado si no recibes una buena respuesta. Dios cuidará de todo. A nosotros nos corresponde hacer nuestros deberes, pero el resultado está en sus manos".

Preparando el viaje, sentí que debía tener una especie de folleto sobre la vida de Amma. Hasta entonces no se había escrito nada sobre la Madre en ningún idioma. De hecho, aparte de acontecimientos aislados que ella mencionaba de vez en cuando, ninguno de nosotros sabía verdaderamente nada de su vida. Ahora era necesario dejarlo todo escrito sobre el papel. La Madre accedió a sentarse cada día un cierto tiempo para hablarnos de su vida. Pero, como dice el proverbio, algunas promesas se hacen para romperse. Ella nos contaba algunas cosas pero, en cuanto se sentía intranquila, se levantaba y se marchaba. Le hacíamos preguntas en nuestro esfuerzo por componer retazos de información y rellenar espacios en blanco sobre algunos detalles y fechas. A todos se nos puso a prueba la paciencia, pero finalmente conseguimos escribir la mayor parte de la vida de la Madre.

Un punto permanecía sin contestar, y parecía que nunca lo íbamos a aclarar. Queríamos saber cuando obtuvo la Realización. Por alguna razón, evitaba contestar a nuestro "interrogatorio" cuando llegaba a ese punto. Intentamos muchos trucos inteligentes, directos e indirectos, para obtener una respuesta. Primero le preguntábamos directamente: "Madre, ¿cuando obtuviste la Auto Realización"? Ella, inmediatamente se levantaba y se marchaba diciendo: "¡Esta chica loca no sabe nada"! Entonces llegamos a la conclusión de que el planteamiento directo no nos iba a llevar a ninguna parte. Después le preguntamos, ¿"Madre, fue después de los inicios de *Krishna Bhava* cuando la Madre obtuvo la Auto Realización, o después de empezar los *Devi Bhava*"? Obtuvimos la misma respuesta. ¡Levantarse y marcharse! Entonces intentamos otra técnica. "¿Madre, puede mostrar una persona los Divinos *Bhavas* antes de obtener la Auto Realización?" Pero la Madre era mucho más lista que nosotros y siempre evitaba la cuestión. Sabía de antemano lo que tramábamos y mucho antes de que comenzáramos con las preguntas, ella ya tenía preparada la respuesta.

Finalmente, cuando estaba a punto de partir, la Madre admitió que había realizado su unidad con Brahman, sin forma, durante su adolescencia, antes de que comenzase alguno de los *Bhavas*. A partir de entonces se dio cuenta de que todos los diferentes aspectos de Dios, como Krishna, Ganesha, Shiva y Devi estaban en su interior. No obstante, al final de este reconocimiento, la Madre dijo: "Pero, para decir la verdad, toda la cuestión es solo una *Lila*, (juego divino)". Nos sorprendimos y le preguntamos, "¿Madre, quieres decir que tu *sadhana*, tu Realización y los Bhavas son solo un juego?". "Si, hijos" –dijo la Madre– "todo ha sido solamente para fijar un ejemplo para el mundo. La Madre nunca ha sentido que este universo fuera real. Desde su mismo nacimiento, solo ha sentido la realidad de Dios. Los *Krishna* y *Devi Bhavas* dependen de la Madre. Ella puede adoptarlos cada vez que lo desee. Son para el bien del mundo. Su más profundo ser es siempre el mismo: la Paz Eterna". ¿Qué más se puede decir? Las palabras de Amma hablan por sí mismas.

Llegó el día de mi partida y fui a despedirme de la Madre, pero estaba en el templo descansando. Para no molestarla, me postré sin más en la puerta del templo y me marché. Quería servir a la Madre y no que ella me sirviera a mí. Sentí que era más importante que ella descansara,, que verla y despedirme.

Después de un viaje tranquilo, llegué a América. Mi madre se había ofrecido a pagarme el billete y a ayudarme en todo lo posible. Utilizando el material que yo había recopilado, escribimos un pequeño folleto sobre la Madre y lo mandamos a unas ciento cincuenta personas solicitándoles ayuda para el trabajo de la Madre. No tenía muchas esperanzas. Después de todo, no conocía a nadie, y toda la gente a la que mandamos la solicitud eran amigos de mi madre. De hecho, la respuesta fue muy pobre. Yo estaba decepcionado y no sabía qué hacer, pues ya habían pasado casi dos meses desde mi llegada a América.

Un día mi madre me dijo: "Neal, ¿recuerdas que cuando te marchaste a la India, en 1968, te compré tu colección de monedas para que tuvieras algo de dinero? Todavía la tengo. ¿Por qué no la coges e intentas venderla?" Me sentí muy contento de este noble gesto e, inmediatamente, comencé a indagar en el mercado de la numismática. En una semana, la vendí por diez veces más de lo que yo había pagado por ella. Aquel dinero bastaba para construir una habitación para la Madre y también una sala de meditación. Inmediatamente reservé un billete para la India y, poco después, estaba de regreso con Amma.

Tras mi regreso, Ganga, un *Brahmachari* de Francia que se había instalado cerca de la Madre poco después que yo, se sentó conmigo y juntos dibujamos un plano del nuevo edificio. Yo tenía un poco de experiencia en construcciones de cuando estuve en

Tiruvannamalai. Precisamente allí construí dos casas a sugerencia de mi anterior guía espiritual, Ratnamji. Ganga también tenía algo de experiencia de su paso por Tiruvannamalai, pues había supervisado una construcción para un devoto holandés. Nos decidimos por un edificio de dos plantas. El primer nivel tendría una única habitación y, su pequeño porche se podría utilizar para meditar. También habría una pequeña habitación bajo las escaleras para guardar herramientas. Arriba edificaríamos una habitación con baño y una terraza para el uso de la Madre.

Desafortunadamente, no había terreno donde construir todo esto. El único terreno que poseíamos estaba ocupado por nuestras cabañas. Si las quitábamos, ¿donde íbamos a estar nosotros? Finalmente decidimos rellenar parte de la marisma que nos pertenecía. Conseguir la suficiente tierra nos llevó bastante tiempo, y eso retrasó el trabajo. Simultáneamente, el viejo templo donde la Madre hacía el *Bhava darshan*, se estaba ampliando, por lo que el *darshan* se hacía en el refugio que se había construido para que los devotos descansaran después de los *darshans*.

Debido a varias dificultades, se tardó casi un año en completar este pequeño edificio. Obtener materiales, problemas en el trabajo y escasez de agua, todo eso provocaba interminables retrasos. Por las mismas razones, más tarde, cuando se construyó un edificio más grande para los devotos, lo que tendría que haber tardado dos o tres años, tardó siete. Incluso después de terminar la escalera que llevaba a la habitación de Amma, la Madre no se trasladó. Aunque la Madre estaba más allá del placer o del dolor, más allá del confort o su ausencia, pensaba que debía ser un ejemplo de renuncia. Por tanto, continuó viviendo en la cabaña, a pesar de los grandes inconvenientes que eso acarreaba. En realidad, hasta que no transcurrieron dos años desde la finalización del edificio, la Madre no se quedó en él por la noche. Finalmente, se convirtió en su residencia, y si se consiguió fue porque Ganga y yo le suplicamos incesantemente que se trasladara.

Cuando uno vive cerca de la Madre, le sorprende su extrema preocupación por la mejora espiritual de la gente. Ella prefiere el sufrimiento propio antes que establecer algo que no sea el ejemplo perfecto. No hay necesidad para la Madre de seguir ninguna de las reglas o normas de la vida espiritual, porque está siempre establecida en ese Estado, que es el fruto de tales esfuerzos. Ese es el estado de un *avadhuta*, el que ha trascendido la conciencia del cuerpo de una vez por todas. Esta gente normalmente se preocupa muy poco o nada de la mejora espiritual del mundo. Se deleitan en su propio estado de Suprema Gracia y no se preocupan del sufrimiento de los demás. De hecho, siempre espantan a aquellos que se les acercan, haciéndose pasar por locos, poseídos o idiotas. Encontrar una persona establecida en Dios, que esté dispuesta a sacrificarlo todo por el bien de aquellos con los que contacta, es casi imposible. El número de estos sabios puede contarse con los dedos de una mano.

Algunos de los devotos padres de familia, deseaban que la Madre visitara Kanyakumari, también conocido como Cabo Comorin, situado en la punta más meridional de la India. Allí se erige un famoso templo de la Divina Madre, donde se encuentran tres mares, el mar Arábigo, el océano Índico y la bahía de Bengala. Así mismo, la arena es de tres colores diferentes. Una *avadhuta* mujer, Mayi Amma, vivía allí, y decidimos pasar un tiempo en su compañía. El domingo por la noche era *Devi Bhava* en Vallickavu, por lo tanto salimos el viernes, teniendo previsto volver el domingo por la tarde. Viajamos unas quince personas en una furgoneta.

De camino, paramos en un pueblo llamado Matamalai, a los pies de una montaña famosa por su profusión de hierbas medicinales. También se suponía que allí vivía un *avadhuta*; se llamaba

Amma en frente de la primera "construcción" del ashram

Nayana. Después de hacer algunas indagaciones, encontramos su cabaña, la cual estaba en la carretera principal. Todos entramos en la tenuemente iluminada habitación y encontramos a un viejo muy sucio sentado en la esquina, escupiendo jugo rojo de nuez de betel en las paredes. Un aldeano nos dijo que no había tomado un baño desde hacía más de diez años. ¡Eso era muy fácil de creer! La Madre se sentó inmediatamente enfrente de él, pero cuál fue nuestra sorpresa y furia cuando él le dio una bofetada. La Madre simplemente nos miró y nos dijo que nos calmáramos. Después me escupió en la cara y gritó en un lenguaje que sólo él conocía. Naturalmente queríamos salir de ahí lo antes posible, pero la Madre no tenía prisa. Finalmente, después de unos veinte minutos, nos marchamos.

Cuando estábamos sentados en la furgoneta, la Madre se giró hacia nosotros y dijo: "¡Maravilloso! ¡Él estaba en el Estado Supremo!" No podíamos creer a la Madre en absoluto. ¿El Estado Supremo? ¿Estado Supremo de qué? ¿De locura? "Ninguno de vosotros puede entenderlo. Sólo el que está en ese Estado puede reconocerlo en otro"., dijo la Madre, y se calló. Todos nosotros pensamos en silencio: "¡Si eso es el Estado Supremo, no lo quiero!"

Después partimos hacia Kanyakumari, felices de dejar a Nayana solo, en su Estado Supremo. Nada más llegar al Cabo, buscamos a Mayi Amma, que vivía en la costa. Cuando alcanzamos el lugar donde estaba, encontramos a una mendiga muy vieja, medio desnuda, tumbada en la arena. Utilizaba a un perro como almohada, y estaba rodeada por una jauría de treinta o cuarenta perros. ¿Era ésta la gran sabia que estábamos buscando? Si la Madre no nos hubiera dicho que Mayi Amma era una *Mahatma*, hubiera sido imposible creer que lo era. Parecía el mendigo de los mendigos. La Madre se sentó enfrente de ella con todos nosotros a su alrededor. Mayi Amma se sentó y le dio una bofetada. ¡Estábamos horrorizados! Era la segunda vez en un solo día, en una hora, que la Madre era abofeteada por un *Mahatma*. La Madre simplemente sonrió. Se subió a la espalda de Mayi Amma y se apoyó en ella como un niño con su madre. Luego, Mayi Amma se levantó y fue a la playa. Toda la basura de Kanyakumari había sido recogida y depositada allí especialmente para ella. Cada día encendía una hoguera y realizaba un sacrificio de fuego, utilizando la basura como ofrenda sagrada. ¿Cuál era el significado interno de su misteriosa vida? No hay duda de que solo ella y los que están en su estado lo saben. Al terminar su "ofrenda," saltó al agua desnuda y salió con un pescado, que comenzó a comérselo crudo.

Alrededor del mediodía, un devoto suyo le trajo el almuezo en un bote que contenía su comida. Todos nosotros nos sentamos alrededor de ella y cantamos canciones devocionales mientras comía un poco. Luego dio a cada uno de los presentes un poco de sus sobras como muestra de sus bendiciones. Uno de sus devotos que había venido con nosotros, era un estricto vegetariano desde su nacimiento. A todos menos a él, Mayi Amma les dio comida vegetariana, mientras que a él le dio un trozo de pescado frito. Y, para mí, comenzó a verter pudín dulce en mis manos. Pero antes de que pudiera alcanzar mis manos, vino un perro y lo sorbió al tiempo que salía de la vasija. Lo que rebosaba de la boca del perro caía sobre mis manos. La Madre me miró atentamente para ver qué iba a hacer. Dudé por un momento y luego me comí el puding. Cuando estamos con *Mahatmas*, debemos tener fe absoluta en su fuerza espiritual. Deberíamos estar preparados para desprendernos de los apegos a todas nuestras normas, reglas y conceptos. Solo de esta forma será posible obtener sus bendiciones. Mayi Amma nos estaba dando una oportunidad para hacer exactamente esto.

Después de dos días más o menos benditos en Kanyakumari, entramos en la furgoneta para volver al ashram. Cuando nos aproximábamos al pueblo de Nayana, todos nos pusimos tensos.

Teníamos miedo de que la Madre quisiera parar para verlo de nuevo. Estábamos casi atravesando el pueblo cuando de repente vimos a Nayana de pie enfrente de una furgoneta en la carretera, haciéndonos señales que paráramos. Todos nosotros nos quejamos. Viéndolo allí de pie, la Madre gritó que paráramos. Inmediatamente saltó de la furgoneta, seguida de todos nosotros. Pero Nayana no estaba en ninguna parte. ¿Adónde se había ido? Fuimos a su cabaña y encontramos la puerta cerrada. La Madre entró primero. Allí estaba sentado en su rincón habitual. Incluso si hubiese corrido desde la carretera a su cabaña, no hubiera podido alcanzar su habitación en tan corto espacio de tiempo. La Madre se sentó enfrente de él y nosotros nos preparamos para lo peor. La Madre comenzó a balancearse adelante y atrás y empezó a pinchar a Nayana en la pierna. Él simplemente permanecía allí sentado, mirándola tranquilamente. Luego la Madre cerró sus ojos, y le comenzaron a caer lágrimas. No podíamos comprender qué estaba pasando. De repente la Madre estalló en *Kali Bhava*, el estado de la Diosa Kali. La lengua de la Madre colgaba fuera de su boca casi hasta su barbilla y soltó un terrorífico rugido. Sus ojos se hincharon y sus manos manifestaban *mudras*. Comenzó a dar saltos de arriba a abajo como una pelota y las pulseras de sus muñecas se rompieron en pedazos. Decir que estábamos sorprendidos sería algo muy suave. Después de diez minutos, la Madre lentamente volvió a su estado normal. Cuando abrió sus ojos, parecía totalmente extasiada. De hecho, estaba ebria de Gracia Divina.

Luego Nayana señaló al joven Shakti Prasad, que había venido con nosotros, y dijo: "Tu hijo, tu hijo". De nuevo nos sorprendimos, pues todos sabíamos que Shakti Prasad había sido concebido por la Gracia de la Madre. El hecho de que Nayana supiera que Shakti Prasad era el propio hijo de la Madre, nos demostró que no estaba tan loco como aparentaba.

Después de entrar en la furgoneta, la Madre dijo: "Durante nuestro camino hacia Kanyakumari, Nayana entendió quién era yo. Él estaba esperando mi vuelta, porque quería ver mi naturaleza real. Por eso se manifestó él mismo delante de la furgoneta y después desapareció. Yo lo comprendí, y por eso, cuando me senté delante de él, la urgencia de satisfacer su deseo surgió en mi mente. Al ver el divino estado de Kali, Nayana pasó al estado de Shiva, y disfrutamos juntos de la Gloria Trascendental". El resto del viaje fue comparativamente tranquilo y llegamos al ashram justo a tiempo para el *Devi Bhava*.

Al día siguiente, la Madre estaba tumbada sobre la arena, fuera de la cabaña. Al cabo de un tiempo, entró y me dijo: "El Swami Nayana acaba de venir aquí para verme". Mire fuera pero no vi a nadie. "No, no quiero decir de esa manera. Ha venido de una forma sutil y ahora se ha marchado". Viviendo con la Madre, gradualmente uno se da cuenta que este mundo que vemos no es todo lo que hay en la creación de Dios.

Un día una señora entró en el ashram, caminó hacia uno de los *brahmacharis* que estaba meditando enfrente del templo, y le sopló aire en los oídos. Por supuesto, él se sorprendió. Después de hacer esto, la señora se marchó. Tenía el aspecto de una aldeana de la zona. La Madre la vio llegar y marcharse del ashram. Dijo que la señora debía de ser una *Mahatma*. Le pregunté a la Madre por qué opinaba eso. Cualquier loco podía haber actuado de igual forma. La Madre dijo: "Si no lo fuera, ¿cómo iba a saber que ese Brachmachari ha estado padeciendo abscesos en sus oídos? Hay muchos de estos *Mahatmas* deambulando por ahí, desconocidos para el público".

Cada mañana solíamos meditar durante un tiempo con la Madre, sentados en el espacio abierto enfrente de la cabaña. Una mañana llegué tarde para unirme a los demás. Tranquilamente me senté a unos veinte pies (cerca de 6 metros) de la Madre. En pocos segundos, después de cerrar los ojos, mi mente se quedó totalmente calmada. Al cabo de un rato, de nuevo comenzó con su habitual "alteración de monos". Me senté allí una media hora, me levanté y me marché a la cabaña. La Madre entró luego en la cabaña y dijo: "Hijo, ¿has tenido alguna experiencia hoy en tu meditación? Cuando viniste y te sentaste cerca de mí, mi mente se giró hacia ti, adoptó la forma de Brahman y se acercó a ti".

En los años venideros, esto se convirtió en una señal de que Amma estaba pensando en mí. Pasó muchas veces, que aunque lejos físicamente de la Madre, mi mente se aquietaba y un intenso pensamiento de la Madre ocupaba mi conciencia. A veces ocurría incluso mientras hablaba con alguien, y tenía que callarme y quedarme allí de pie como un tonto. Esto me dio la fe de que el mero pensamiento de la Madre podía bendecirme con la Realización que yo buscaba. La Madre me había dicho que, de hecho, esto era verdad. Cuando conocí a la Madre, cuatro días después volví a Tiruvannamalai. Durante el trayecto en tren olí varias esencias divinas, sentía como si la Madre estuviera justo allí conmigo, y experimenté intensos y frecuentes sollozos, así como el anhelo de ver a la Madre. Cuando volví a ella después de un mes y medio, le pregunté acerca de estas manifestaciones. Ella confirmó lo que yo creía había ocurrido, que había estado pensando en mí y ese pensamiento concentrado me había bendecido con esas experiencias. Lo que no se puede conseguir, incluso después de años de práctica espiritual, se puede obtener en un momento a través del pensamiento o la mirada de un *Satgurú*, un Sabio Perfecto.

Hay una bonita historia sobre un hombre que era rey de Persia. Era muy aficionado al estilo de vida espiritual y siempre buscaba la compañía de santos. No obstante, vivía con tal lujo que dormía en una cama que estaba siempre cubierta por una alfombra de flores de doce pulgadas (30 cm.). Un día, cuando iba a acostarse, oyó un ruido en el techo del palacio sobre su habitación. Investigando, encontró a dos hombres vagabundeando por allí arriba.

"¿Qué estáis haciendo aquí?" les preguntó duramente.

"Señor, somos camelleros y estamos buscando a nuestros camellos perdidos," respondieron.

Asombrado de su estupidez, les dijo: "¿Cómo esperáis encontrar camellos en el tejado de un palacio?"

"Oh rey, puesto que estás intentando realizar a Dios en una cama de flores, ¿no deberíamos esperar encontrar camellos en el tejado de tu palacio?", contestaron.

Esta respuesta conmocionó al rey y, como resultado de estas palabras, cambió su estilo de vida completamente. Dejó su reino y se marchó a la India con la intención de encontrar a un Gurú Realizado. Cuando llegó a Benarés, oyó hablar de un Gurú llamado Kabir. Fue a su casa y le pidió que lo aceptase como discípulo.

Kabir dijo: "No hay nada en común entre un rey y un tejedor como yo; dos personas tan diferentes difícilmente podrían congeniar".

Pero el rey le imploró y dijo: "No he venido a tu puerta como un rey sino como un mendigo. De nuevo te imploro la ayuda que busco". Loi, la esposa de Kabir, sintió simpatía por el rey e instó a su marido a que lo aceptara. Finalmente, Kabir accedió a su petición. Al rey se le dió el trabajo servil de la casa, limpiar la lana y el hilo, traer agua y leña, y otros trabajos de este estilo. Pasaron seis años y el rey hacía todo el trabajo sin rechistar. Un día, Loi suplicó a Kabir diciéndole: "Este rey ha estado con nosotros durante seis largos años. Ha comido lo que le hemos ofrecido y ha hecho lo que le hemos ordenado sin pronunciar una palabra de queja. Parece que es altamente merecedor de la iniciación".

Kabir dijo: "Por lo que yo puedo ver, la mente del rey no es todavía cristal transparente". Pero Loi suplicó de nuevo al santo diciéndole que no podía creer que no estuviera preparado para la iniciación. "Si no me crees –dijo Kabir a su esposa– puedes probarlo tu misma. La próxima vez que el rey salga de la casa, junta toda la basura que puedas y llévala al tejado. Cuando veas al rey saliendo a la calle, tírale la basura sobre la cabeza. Luego ven y dime lo que has oído de su boca".

Loi hizo lo que le habían dicho y, en cuanto cayó la basura en la cabeza del rey, éste miró hacia arriba y exclamó: "Si esto fuese Persia, no te hubieses atrevido a hacerme esto".

Loi regresó a su marido y le comunicó lo que había dicho el rey. "¿No te había dicho que el rey no era todavía completamente merecedor de la iniciación?", observó Kabir.

Pasaron otros seis años durante los cuales el rey trabajó tan duro como lo había hecho durante los primeros seis años. Un día, Kabir le dijo a su mujer: "Ahora la vasija está totalmente preparada para recibir el don". Su esposa dijo: "Yo no encuentro ninguna diferencia entre la condición del rey de hace seis años y ahora. El siempre ha sido cumplidor y servicial, y nunca ha pronunciado una palabra de protesta, ni siquiera los días en que no había suficiente comida para alimentarle. Kabir dijo: "Si quieres ver la diferencia, puedes tirarle otra vez la basura sobre la cabeza".

Así que al día siguiente, cuando el rey estaba saliendo de la casa, ella hizo exactamente lo que su marido le había dicho: El rey exclamó: "Que tengas larga vida, mujer. Esta mente todavía está llena de ego y tiene que ser tratada de esta manera".

Luego, Loi fue y le dijo a su marido lo que había dicho el rey. Llamó al rey y lo miró fijamente. Por la fuerza de la mirada de Kabir, la mente del rey se elevó más y más hasta fundirse con el Ser Supremo.

"Tu *sadhana* está completada. Ahora es mejor que vuelvas a tu reino", dijo Kabir.

Así es la fuerza omnipotente de un Alma Realizada. Uno debería buscar la compañía de un Gurú y esforzarse por obtener su

Gracia. Si uno se esfuerza en hacer *sadhana* por sí mismo, perderá un tiempo precioso intentando alcanzar la meta a base de probar. Y aunque tenga un Gurú, aflorarán numerosos obstáculos desde el interior y el exterior. ¿Por qué no obtener tanta ayuda como se pueda y alcanzar la meta lo más rápido posible? No importa cuánto tiempo pueda uno estudiar libros espirituales y meditar, seguirán habiendo muchos aspectos sutiles de la vida espiritual que no podrá saber cómo afrontarlos. Los santos que han andado el camino y han alcanzado la meta, son la mejor ayuda posible. Sin embargo, son tan escasos.

Una noche, mientras estaba sentado con la Madre enfrente del templo, le pregunté: "¿Madre, qué debo hacer para realizar a Dios?"

Cogiendo un puñado de arena, la Madre dijo: "Debes volverte como esta arena. Esta arena permite que todos la pisen sin protestar. Es lo más bajo de lo bajo. Similarmente, cuando te conviertes en nada, en ese preciso momento, te conviertes en Todo. La individualidad debe desaparecer. Solo entonces, desde ese día, puede la Existencia Universal brillar. Este es el propósito que hay detrás de toda práctica espiritual".

La palabra "*Mahatma*" significa alma grande. Muchos aspirantes espirituales tienen grandiosas ideas de obtener una gran fuerza espiritual y, de ese modo, convertirse en un *Mahatma*. Pero, ¿qué es un verdadero *Mahatama*? Es aquel que ha destruido su ego, aquel o aquella que ha renunciado a su individualidad y, por lo tanto, se ha fundido en el Ser Universal. Solo estas son las marcas de un alma grande. Estas cualidades no están en un egoísta que busca poderes. Únicamente cuando uno ha conquistado el ego, se hace accesible la verdadera fuerza espiritual. Dios no dará sus tesoros a aquel que quiere mantener una identidad separada.

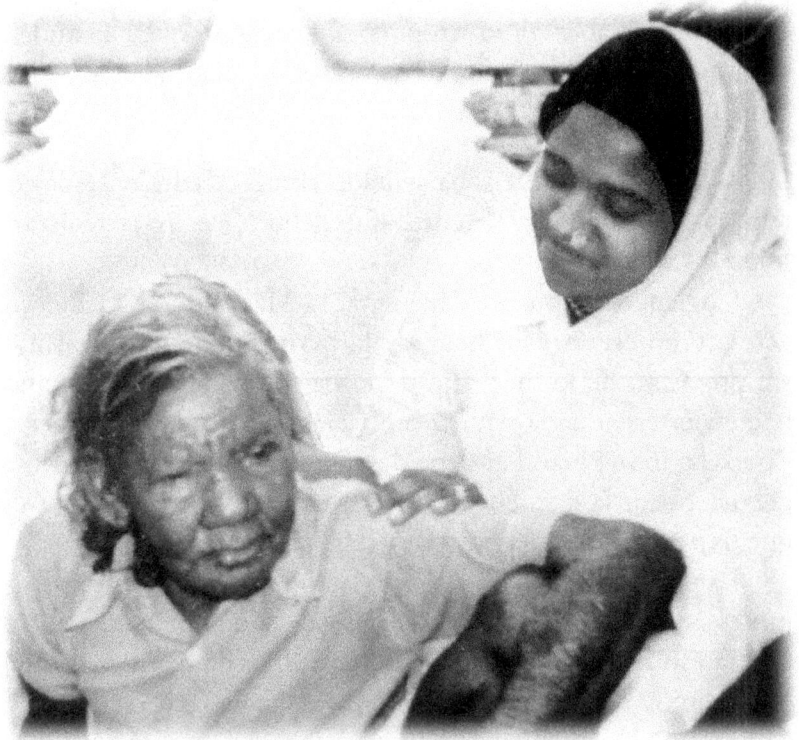

Amma con Mayi Amma

Un día, llegó a Vallickavu un caballero de Hyderabad. Dijo que era un devoto de Devi y que había estado haciendo varias *sadhanas* durante muchos años con el propósito de obtener la gracia de la Madre Divina. Había oído hablar de la Madre y deseaba sentarse en el templo durante el *Devi Bhava* y cantar el *Devi Mahatyam*, un antiguo y famoso canto de alabanzas a la Divina Madre. La Madre accedió a su propuesta. Ese día, después de la comida, la Madre, Gayatri y yo estábamos descansando bajo un árbol. Este caballero también estaba acostado bajo un árbol, a unos cincuenta pies (cerca de 15 metros) de nosotros. Habían pasado unos cinco minutos, cuando la Madre comenzó a reírse. Nos miró y dijo: "Este hombre es un experto en magia negra. Ha memorizado todo tipo de *mantras* que le permiten controlar espíritus malvados que viven en el plano sutil. Con su ayuda, puede crear todo tipo de travesuras".

Me sorprendió escuchar a la Madre decir esto y le pregunté". ¿Madre, cómo puedes decir eso, si apenas tuviste tiempo para observarlo?"

"No requiero tiempo para entender quién es quién. La brisa que ha tocado su cuerpo, me ha traído esos *mantras* aquí.

Todo mi pelo se erizó cuando oí las sobresaltantes palabras de la Madre. De repente tuve un atisbo del mundo de la Madre.

Estaba sin palabras y mi mente se paralizó. Mirando a la Madre con nuestra visión grosera, ¿cómo vamos a entender quién es y de que manera percibe este mundo? Estamos viviendo en una oscura habitación cerrada, mientras que la Madre está afuera, en el brillante espacio abierto. A su visión no se le esconde nada. Estamos familiarizados con el dicho: "Nada se puede esconder al Ojo de Dios que todo lo ve". Lo que es una mera expresión para mucha gente, se convierte en una experiencia viva en presencia de un Alma Realizada. Si uno vive en compañía de estas personas, incluso por un corto tiempo, nunca volverá a usar expresiones, de una manera casual, como: "No quiera Dios", "Solo Dios sabe", "Dios, maldita sea". Para la mayoría de las personas, Dios solo es una mera palabra. Se sabe que Dios existe claramente cuando se vive en la compañía de *Mahatmas*.

Esa noche había *Devi Bhava*. Nuestro amigo, el mago negro (este fue el nombre que le pusimos) entró en el templo y se sentó a mi lado. Tenía el libro en sus manos, preparado para recitar el *Devi Mahatyam*. Pero, por alguna razón, se puso muy inquieto y estuvo mirando alrededor en todas direcciones. Finalmente, después de quince minutos moviéndose sin parar, se levantó y salió del templo sin recitar el canto.

A la mañana siguiente vino y me dijo que había decidido marcharse ese día. Le pregunté que por qué tanta prisa. Me dijo que todavía tenía que ir a muchos lugares en su peregrinaje. Entonces le pregunté por qué no había recitado el *Devi Mahatyam* la noche anterior, pero no me respondió. Luego sentí un poco de curiosidad interna, y le pregunté si sabía magia negra. Él palideció y dijo: "No". Entonces le repetí lo que la Madre nos había dicho sobre él. Al escuchar mis palabras, parecía como si fuera a salir corriendo del ashram, y entonces dijo: "Es verdad que estudié esos *mantras* hace mucho tiempo, pero nunca los he usado con nadie". Si lo que dijo era verdad o no ¿quién podría confirmarlo?, pero no quise ponerlo más incómodo, así que le pregunté si le gustaría ver a la Madre antes de marcharse. Posiblemente esto le hizo sentirse más incómodo, porque fue la Madre quien lo descubrió. Quizás por cortesía dijo: "Si".

Entramos en la cabaña de la Madre y la encontramos sentada, hablando con algunos devotos. Mirándole con una sonrisa en la cara, la Madre le dijo: "Hijo, ¿cuántos hijos tienes y con cuántas mujeres? ¿Quince? ¿Veinte? No deberías usar nunca esos *mantras* perjudiciales bajo ningún pretexto. No solo eso, tampoco deberías beber alcohol ni tener sexo ilícito en nombre del culto tántrico.

Sólo te llevará a la ruina. Puedes pensar que de este modo estás haciendo algún progreso espiritual, pero sin la guía de un Gurú que haya obtenido la Realización, a través del camino del tantra, uno solamente se maldecirá a sí mismo".

Al escuchar esto, el hombre comenzó a poner objeciones pero, quizás después de un poco de reflexión, se dio cuenta de la verdad de las palabras de la Madre y se calló. Postrándose ante la Madre, abandonó el lugar y nunca fue visto de nuevo. Un mes más tarde, vino otro hombre de Hyderabad a ver a la Madre. Nos dijo que sabía de ese caballero y que, de hecho, era muy conocido por hacer todas esas cosas que la Madre había mencionado.

Este incidente hizo que me preguntase sobre el destino futuro de este hombre y de otros como él, que se auto engañan y que también engañan a otros. ¿No sufrirán después de la muerte o en una vida futura? Esto me llevó a preguntarme si hay o no alguna existencia después de la muerte del cuerpo. ¿Quién lo sabría mejor que ella, que había "muerto" durante ocho horas, después de que su padre le hubiera pedido durante el *Devi Bhava* que "le devolviera" a su hija?

Al día siguiente le comenté a la Madre: "Hay una historia en los *Upanishads* sobre un muchacho que viajó, de alguna forma, al mundo de la muerte y le preguntó al Señor de la Muerte, Yama, si se continúa existiendo después de la muerte del cuerpo".

La expresión de la Madre devino muy seria y dijo: "Al preguntar sobre la vida después de la muerte, estás preguntando también sobre la doctrina del *karma*. Analizar la ley del *karma* no es tan importante. Lo más importante es salir de él, ir más allá del ciclo del *karma*, que está causado por la ignorancia de nuestra verdadera Identidad.

"Las acciones negativas cometidas en el pasado puede que no produzcan fruto en el futuro inmediato, y lo mismo es verdad con las buenas acciones. Podemos ver a personas que no poseen virtudes y, aparentemente, viven una vida agradable, y podemos ver a una buena persona sufriendo sin una razón clara. Esto parece que contradice la ley del *karma*, por lo que podrías concluir que tal cosa no existe. De cualquier modo, para entender su significado, la ley del *karma* necesita ser examinada y evaluada desde un punto de conciencia más elevado; y para poder elevarse y ver el *karma* desde ese nivel más alto, se requiere fe y práctica espiritual. Aquí el criterio no es el intelecto sino la intuición espiritual.

"Todo en la vida se mueve por ciclos; el universo entero es cíclico. Igual que la tierra se mueve alrededor del sol en un ciclo regular, todo en la naturaleza se mueve en un patrón cíclico. Las estaciones se mueven en círculo: primavera, verano, otoño, invierno, primavera de nuevo, y así. El árbol procede de las semillas, y el árbol a su vez, provee semillas de las que surgirán nuevos árboles. Es un círculo. Similarmente, hay nacimiento, infancia, juventud, vejez, muerte, y nacimiento de nuevo. Es un círculo continuo. El tiempo se mueve en un círculo, no en una línea recta. *Karma* y sus resultados inevitablemente han de ser experimentados por todos los seres vivientes, hasta que la mente se calme y uno permanezca satisfecho en el propio Ser.

"Los ciclos ocurren una y otra vez como acción y reacción. El tiempo va en ciclos. No es que los mismos acontecimientos ocurran una y otra vez; sino que, el *Jivatman* (alma individual) asume diferentes formas según sus *vasanas* (tendencias latentes). Las reacciones son el resultado de las acciones realizadas en el pasado. Y sigue y sigue. Cuando el círculo de la vida gira, las acciones del pasado producen fruto. No podemos decir cuándo vendrá el fruto, cuál será el fruto, o cómo llegará. Es un misterio conocido solamente por el Creador. Tú puedes creer en ello o no. Tanto si te lo crees como si no, la ley del *karma* continúa operando, y los frutos llegan. El *karma* no tiene principio, pero termina cuando uno suelta el ego, cuando uno obtiene el estado de Realización.

"El hombre evoluciona hacia Dios. Cada ser humano es esencialmente Dios. La evolución del hombre hacia Dios es un proceso lento, requiere muchos recortes, abrillantado y recauchutado. Necesita mucho trabajo y requiere una gran paciencia. No se puede hacer con prisas. La revolución es rápida, pero mata y destruye. El hombre es revolucionario, mientras que Dios es evolutivo.

"El círculo de la vida se mueve despacio y continuamente. El verano viene; se toma su tiempo, nunca tiene prisa. Las demás estaciones: otoño, invierno, y primavera, todas ellas se toman su propio tiempo. Detrás del misterio yace el poder invisible de Dios. Este poder no se puede analizar. Simplemente confiar que está ahí.

"Intenta olvidarte del ciclo del *karma*. No hay necesidad de pensar en el pasado, pues es un capítulo cerrado. Lo que está hecho, hecho está. Confronta el presente. Lo que es importante es el presente, porque nuestro futuro depende totalmente de cómo vivimos el presente. Hasta entonces, habitamos en el pasado o en el futuro. El presente yace en este momento, pero siempre nos lo perdemos. Cuando vivimos en el momento, estamos completamente aquí; el siguiente momento no importa. Vivir en el momento, en Dios, el Ser, evitará que la ley del *karma* opere en nosotros.

"La fuerza del *karma* vela nuestra verdadera naturaleza, mientras que, al mismo tiempo, crea la urgencia de realizar la Verdad. Nos guía de regreso a nuestro verdadero estado del Ser. El círculo del *karma* es un gran transformador, si se tienen los ojos para verdaderamente ver. Transmite el gran mensaje: "Tu vida es el efecto del pasado. Por lo tanto, cuidado; tus pensamientos y acciones del presente determinan tu futuro. Si haces el bien, serás premiado como corresponde, pero si cometes errores o cometes malas acciones, esas acciones volverán a ti con igual fuerza."

Y para el verdadero buscador espiritual, está este mensaje: "Es mejor si detienes el círculo completamente. Cierra la cuenta y sé libre para siempre". Todas estas explicaciones sobre el *karma* sirven para contener a los humanos a hacerse daño a sí mismos y a los demás, y para prevenirles de alejarse de su verdadera naturaleza, de Dios.

"Nada es accidental. La creación no es un accidente. El sol, la luna, mares, árboles y flores, montañas y valles no son accidentes. Los planetas se mueven alrededor del sol sin desviarse ni siquiera una pulgada de sus órbitas predeterminadas. Los océanos cubren extensas áreas del globo sin tragarse toda la tierra. Si esta bonita creación fuera un accidente, no sería tan ordenada y sistemática. El universo sería un caótico desastre. Pero mira la exquisita belleza y encanto de la creación, su intrincada perfección. ¿Puedes llamar a esto un accidente? El inmenso patrón de belleza y orden que impregna todo en la creación, deja muy claro que hay un gran corazón y una inconcebible gran inteligencia detrás de cada cosa.

"Nuestro pasado no es solo el pasado de esta vida. No es que se remonte solo al nacimiento de este cuerpo actual. El pasado consiste en todas nuestras vidas previas, a través de las cuales hemos viajado con diferentes nombres y formas. El futuro tampoco puede ser visto; no está bajo nuestro control. No podemos predecir lo que pasará mañana. La verdad del *karma* es, por lo tanto, una cuestión de fe más que otra cosa. Igual que las olas del océano aparecen en diferentes formas y tamaños, la vida adopta varias formas según las tendencias acumuladas por cada persona.

"Una vez realices el Ser lo sabrás todo acerca del *karma*. Los misterios de tus nacimientos previos también te serán revelados. Conocerás los secretos del universo entero, de todo en la creación. Solo la Auto Realización aclarará el misterio. Una vez alcances la perfección, sabrás que el verdadero Ser siempre ha estado presente. Sabrás que el verdadero Ser nunca nació ni morirá, y que nunca está sujeto a la ley del *karma*.

"No hay garantía para el futuro, ni siquiera para el instante siguiente. Solo la muerte puede garantizarse. Este momento es verdad, mientras que el momento siguiente puede traer la muerte, ¿quién sabe? Una persona que sea agradecida, dejará que todo se vaya para abrazar amorosamente a la muerte con una sonrisa. Para esa persona, la muerte es bella. No la ve como un enemigo al que tenerle miedo; más bien al contrario, la muerte se convierte en su amigo más querido. La muerte no es el final, es el principio de otra vida."

# Capítulo 6

## *La fe a través de la Gracia*

E se mismo día llegó de América una carta de mi hermano Earl, diciendo que le gustaría mucho venir a la India y encontrarse con Amma. En efecto, yo le había hablado de ella durante mi viaje a los Estados Unidos. Cuando llegó, dos semanas más tarde, le hice entrar en mi cuarto, que no era más que un pequeño rincón en la choza. Mis condiciones de vida le sorprendieron un poco. Se sentó sobre la cama, y empezamos a hablar. En aquel momento Amma entró en la habitación y se sentó a su lado. Lo inspeccionó de arriba abajo y, pellizcándole ligeramente el brazo, le dijo: "¿Estás un poco gordo, no?" Sin motivo aparente, Earl se puso a llorar. Pensé que Amma le había pellizcado con fuerza, pero no se trataba de eso. Nunca antes había visto a mi hermano llorar. Amma se volvió hacia mí con una sonrisa maliciosa, mientras Earl sollozaba como un niño. Sus tatuajes le divirtieron mucho a Amma, y los fue inspeccionando meticulosamente. Tenía los brazos cubiertos de abigarrados dibujos: allí tenía tatuados un Krishna, un Buda, la serpiente Kundalini y otros símbolos espirituales. Earl tenía algo de póster espiritual ambulante. Cuanto más lloraba, Amma más sonreía. Finalmente pudo serenarse, aunque fue incapaz de pronunciar una sola palabra.

Amma permaneció allí unos minutos más, después se levantó y se fue. Resultaba evidente que Earl acababa de recibir una fuerte impresión en su vida. Así de impactante fue su primer encuentro con la Madre Divina. Sin embargo, todavía iba a recibir otros impactos. Earl me preguntó si tenía libros sobre Krishna, y fui a buscarle el Bhagavatam a la biblioteca del ashram. Se pasó mucho tiempo leyendo en mi habitación, pero cada vez que encontraba la palabra Krishna se echaba a llorar. Y no solo eso, también se deshacía en lágrimas cada vez que oía la voz de Amma. Cuando se aproximaba a ella, durante el *Krishna Bhava*, lloraba y temblaba de forma incontrolada. A continuación venía hacia mí, se sentaba a mi lado, en el suelo, y se escondía detrás de mi *dhoti* (larga pieza de tela que llevan los hindúes). Así pasaron algunos días hasta que decidió comentárselo a Amma. Fui a verla a la choza vecina, donde ella se encontraba, y le pregunté si podía pasar Earl, a lo que accedió.

Nada más entrar, le hizo una señal a Earl para que se sentara a su lado, sobre la cama. Cuando iba a explicarle que tenía algunas cosas que aclarar, se quedó mudo y estalló de nuevo en sollozos. Amma lo apretó entre sus brazos y me miró como si lo entendiese todo, luciendo una gran sonrisa. Así estuvo unos diez minutos, hasta que Amma estimó que tal vez ya había llorado bastante y dejó de mover "la manecilla de las lágrimas". Al final pudo hacer su pregunta.

"Quería confesar que me resulta muy desagradable no saber qué me está ocurriendo. Desde mi llegada aquí, parece que me he vuelto mentalmente más sensible. ¿Por qué me paso todo el tiempo llorando?"

Amma hizo una graciosa sonrisa y dijo: "En el fondo de nuestros corazones, todos somos hijos de Dios. Pero a medida que crecemos, el niño va formando un duro caparazón compuesto por nuestras malas acciones. La codicia, la cólera, los celos, la avaricia, el orgullo, y otras tendencias negativas se combinan para formar ese caparazón. Al final, el tierno niño se transforma en un ser tan duro como una piedra. Pero en presencia de Dios o de un alma que haya realizado a Dios, el caparazón se parte y la persona vuelve a llorar como un niño. Es una gran suerte. Algunos de esos momentos de llanto confieren una pureza que no se puede alcanzar a lo largo de muchas vidas de práctica espiritual".

Earl estaba feliz y aliviado al oír la explicación de Amma. Pero al cabo de unos días, volvió a aflorar su espíritu escéptico. Una noche, justo antes del *Krishna Bhava*, me dijo: "Creo que estas lágrimas tienen que ver con una debilidad interior. He decidido que esta noche, ocurra lo que ocurra, no voy a llorar". ¿Cuántos hijos de Amma han adoptado decisiones semejantes? Pero al final, ante el maremoto de su Energía Divina, los frágiles castillos de naipes del ego humano, minuciosamente levantados, acaban siendo destruidos.

Earl se lanzó valientemente a la arena del templo, y se fue directo hacia Amma que estaba en *Krishna Bhava*. Iba tan decidido que ni tembló, ni lloró. Yo no quería perderme aquella escena, y me fui el templo para ser testigo de su victoria o de su derrota. Amma me dirigió una leve sonrisa para indicarme que estaba al corriente de su plan, desde el mismo momento de su concepción.

Después de recibir el *darshan* de Amma, Earl se me acercó y se puso a mi lado con un aire muy triunfal. Al verlo así, decidí ir a sentarme delante del templo con otros devotos. No tardó mucho en aparecer Earl. Aún no había atravesado el umbral del templo, cuando se puso rígido de repente y adoptó una actitud muy graciosa. Salió corriendo hacia la parte trasera del ashram y se oyó un grito de angustia tan intenso que muchos devotos corrieron a ver qué pasaba, ¿Y con qué se encontraron?, ¡con Earl! Algunos vinieron a preguntarme si mi hermano sufría algún trastorno o algún dolor atroz. Tuve que contener la risa y hacer ver que no sabía nada.

Al acabar el *Krishna Bhava*, me fui a descansar un momento a la habitación. Allí me encontré con un Earl derrotado que intentaba leer. Le pregunté si le pasaba algo y me contestó: "Ya has visto lo que ha pasado en el templo esta tarde. Me he controlado al pasar el *darshan*, pues aunque estuve a punto de llorar, logré contener mis lágrimas. Después pensé que tenía razón, que todos esos llantos no eran más que una simple trampa emocional. Sin embargo, en el momento en que traspasaba el umbral del templo, brotó una colosal corriente de energía desde la base de mi columna vertebral y subió hasta el punto más alto de mi cráneo. Allí explotó como un misil. En ese preciso instante, tuve la convicción de que Amma era una encarnación divina. ¿Quién sino ella, habría podido hacerme una cosa parecida?

Unos días más tarde, Earl volvió a los Estados Unidos. Me confesó antes de partir que desde aquella experiencia, no había pasado ni un solo día sin que estallara en sollozos al pensar en ella. Al año siguiente volvió a Vallickavu y le pidió a Amma la gracia de ser padre, pues su esposa no había concebido desde hacía muchos años. Amma lo bendijo y, poco después, su esposa quedó embarazada y dio a luz un bebé muy precoz e inteligente. Los dos años siguientes, visitó Vallikavu con su esposa e hijos. En uno de estos viajes pensó que podría iniciar estudios de Derecho. Como ya había pasado de los cuarenta, y a esa edad resultaba una tarea ardua lograr el título, se lo comentó a Amma. Ella le dijo: "Tendrás que superar numerosos obstáculos para llegar a ser abogado, pero Amma lo solucionará". Durante sus estudios, no hacía más que preguntarse si superaría o no los exámenes finales. Un día decidió escribirle a Amma para pedirle su bendición con el fin de superar los exámenes.

Cuando leí su carta a Amma, dijo: "Earl se ha vuelto negligente en sus estudios. Dile que ponga más interés y yo me ocuparé de todo". Cuando volví a ver a Earl, me confesó que Amma había acertado exactamente y que, tras su consejo, se había vuelto más disciplinado. No tuvo apenas problemas en la Facultad, consiguió finalmente su título y se hizo abogado.

Encontrar a los devotos que vienen a ver a Amma y escucharles contar cómo se ha desarrollado su fe en la Madre Divina, es siempre una fuente de inspiración. Había un profesor de inglés que venía regularmente a recibir el *darshan* de Amma. Era una persona joven, que había manifestado una fuerte inclinación por la espiritualidad y quería, incluso, renunciar al mundo para hacerse monje. Desdichadamente, era hijo único y, en una familia hindú, éste tiene el deber de casarse para perpetuar el linaje. El joven aceptó casarse y escogió por consorte a una virtuosa joven. La noche de bodas, le dijo a su esposa: "Por voluntad de Dios no he podido llevar la vida de monje que deseaba, y me he casado. Me gustaría que, al menos, uno de mis hijos llegara a ser monje. Por tanto, antes de concebirlo, te pido que nuestro primogénito se lo dediquemos a la Madre Divina y lo encaminemos hacia la vida espiritual". La esposa aceptó sin expresar la menor duda. Al cabo de un tiempo dio a luz a un niño; pero, desdichadamente, el matrimonio olvidó muy pronto su voto. Así transcurrieron los años y el hijo fue creciendo, aunque su salud no era muy buena. Consultaron a numerosos médicos pero no obtuvieron ningún resultado. Un día oyeron hablar de Amma, pues vivían a unas dos horas de camino. En esa época el niño tenía ya siete años. El hombre decidió ir a ver a Amma con la esperanza de que podría hacer algo por su hijo. Cuando llegó, acababa de empezar el *Devi Bhava*. Entró en el templo y se postró ante Amma. Al levantar la cabeza, Amma le preguntó sonriente: "¿Dónde está tu hijo? ¿Por qué no me lo has traído? ¿Has olvidado la promesa que hiciste la noche de bodas de ofrecerme a tu primogénito?" No hace falta decir que aquel suceso le impactó de tal manera que desarrolló una profunda fe en Amma, a quien veía como a la misma Madre Divina.

Los animales también han sido protagonistas de algunos acontecimientos del ashram. Una tarde, durante el *Devi Bhava*, uno de los terneros del ashram se puso a mugir a pleno pulmón, como si estuviera muy enfermo. Excepto Amma, que estaba dando *darshan* en el templo, todos fuimos a ver lo que ocurría. El ternero estaba recostado y tenía grandes convulsiones. Como no podíamos hacer gran cosa, explicamos lo que sucedía a Amma. Tan pronto concluyó el *Devi Bhava*, acudió al establo y tomó la cabeza del ternero sobre sus rodillas. Después pidió a alguien que trajera agua bendita del templo, y la vertió en la boca del animal haciendo un gesto con las manos como si le dijera: "Ahora, vete". El ternero expiró poco después. Amma se volvió hacia nosotros y nos dijo. "Este ternero fue un *sannyasin* en su vida anterior, pero concibió un gran apego hacia una vaca y, consecuentemente, se encarnó en vaca. Como había sido monje, nació en este ashram y se ha beneficiado de la compañía de los santos y los devotos. Ha sido alimentado por aspirantes espirituales y santificado por el sonido de la recitación del Nombre Divino. Ahora ha alcanzado un nacimiento superior". Así son los misteriosos caminos del *karma*. La ligera tristeza que sufrimos por la súbita muerte del ternero, se desvaneció gracias a la explicación de Amma. Nos dijo, más tarde, que su propia madre habría debido morir aquella tarde o incluso unas horas antes. Amma le había advertido que se preparase para lo peor, pero había decidido —nos dijo— prolongar su existencia, transfiriendo la muerte de su madre sobre el ternero y poniendo fin, al mismo tiempo, al *karma* del animal. Añadió que había hecho lo mismo con centenares de personas que, a lo largo de los años, habían venido a visitarla. Al ver que su hora se aproximaba y que su muerte sumiría a sus familias en enormes dificultades, prolongaba, por compasión, sus existencias. Les pedía que compraran una vaca, un pollo, un perro o un gato y, el día indicado, el animal moría en su lugar. Cuando escuchamos estas palabras, comprendimos que Amma no tiene entre sus manos sólo su propia vida o muerte, sino también la de sus devotos.

Una tarde, estaba fuera hablando con Srikumar, uno de los jóvenes que en esa época venían regularmente a ver a Amma. De repente se derrumbó dando un gran grito. Inspeccionando su cuerpo, encontramos dos marcas en un pie que indicaban una mordedura de serpiente. Inmediatamente corrimos hacia Amma para explicarle lo que había pasado. Ella se acercó a Srikumar, tomó el pie dañado entre sus manos y se puso a absorber el veneno para, a continuación, escupirlo. El sufrimiento de Srikumar iba en aumento. Al anochecer, era intolerable. Amma no se separaba de él, lo reconfortaba y le decía que no tenía que inquietarse. Los otros devotos pensaban, sin embargo, que era necesario llevarlo a un médico para que le pusiera un tratamiento antiveneno. Amma dio su consentimiento y partieron con Srikumar. Cuando el médico vio la mordedura y el cuadro clínico, afirmó que Srikumar había sido víctima de una serpiente extremadamente venenosa pero, curiosamente, no había señal de veneno en su sangre. Volvió al ashram aquella misma noche, sintiendo un dolor atroz que no desapareció hasta el día siguiente. Amma le explicó: "Hijo mío, ayer ibas a ser mordido por una serpiente, a donde quiera que te encontrases, pero como se produjo en presencia de Amma, nada grave te ha ocurrido. Como sabía lo que iba a suceder, no dejé que partieras por la mañana, a pesar de tu insistencia". Nada más llegar a su casa, Srikumar comprobó su carta astral y descubrió que estaba destinado a sufrir un envenenamiento aquel día. La emoción lo embargó y quedó inundado en lágrimas por la gracia y la compasión que Amma había mostrado hacia él.

Nos preguntamos por qué Amma no impidió que Srikumar fuera mordido por una serpiente, puesto que sabía que ese hecho iba a ocurrir. Amma nos respondió que cuando uno se entrega a Dios o a un Maestro Realizado, nuestro *karma* individual se aligera considerablemente, pero nos quedará por experimentar algo de sufrimiento. Para ilustrarlo, nos relató la siguiente historia:

"Un rico terrateniente tenía dos hijos de naturalezas diametralmente opuestas. Ram no hacía más que acciones malévolas, mientras que su hermano Hari era noble y predispuesto a la espiritualidad. Una vez adultos, Ram se dedicó al juego, a las mujeres y a la bebida; mientras que su hermano, Hari, se volcó en actividades religiosas. Asistía a todos los oficios religiosos de las aldeas vecinas. Ram no hacía más que mofarse de la espiritualidad de los suyos y sentirse desafortunado por pertenecer a aquella familia.

Un día, una célebre bailarina actuó en una aldea vecina y Ram patrocinó aquel espectáculo. Por tal motivo se le dispensó un trato especial y se le agasajó como al hijo de un rico terrateniente. Aquel mismo día también se celebraba una plática religiosa en la misma aldea, y Hari fue hasta allí. De regreso, le sorprendió a Hari un violento aguacero, resbaló y se hirió gravemente. Sus amigos lo llevaron a casa y llamaron a un médico. Unas horas más tarde, su hermano Ram, después de irse de juerga con la bailarina y su grupo, regresó y fue a resbalar en el mismo lugar que su hermano, pero no se cayó. Con su pie golpeó un gran objeto, y al observarlo más de cerca, se dio cuenta que se trataba de un lingote de oro. Rebosante de alegría volvió a su casa con el lingote y se lo enseñó a todo el mundo. Cuando vio el estado lamentable en que se encontraba su hermano, le provocó con estas palabras: "¿De qué te sirve tu religión? Fuiste a escuchar una plática espiritual, y lo único que consigues es sufrir un terrible accidente. Yo, en cambio, me he divertido mucho más, y se me ha recompensado con un lingote de oro. ¿Cuándo abandonarás ese anticuado modo de vida? Mira, si realmente existiera Dios, me tendría que haber castigado a mí y haberte recompensado a ti". Entre los asistentes se inició un vivo debate y fue imposible saber quién de los dos hermanos tenía razón.

Al día siguiente, un *Mahatma* pasó por la aldea y el padre de los muchachos lo invitó. Le explicó lo sucedido el día anterior y lo que había dicho Ram. La pregunta seguía en el aire: ¿Por qué sufría el joven de tendencias espirituales, y se recompensaba el mal comportamiento del otro? El *Mahatma* contestó: "La noche del accidente, Hari estaba destinado a morir, pero dada su inocencia y devoción, solo sufrió algunas heridas. Esa misma noche, Ram iba a ocupar la posición de único heredero pero, por sus malas acciones, no ha recibido más que un lingote de oro. Si no me creéis, verificad sus cartas astrales". Cuando se consultaron los horóscopos de ambos, se verificó la exactitud de las palabras del *Mahatma*.

Algunos días de *Bhava darshan*, venían a ver a Amma varios miles de personas. Ella los recibía en su choza desde la mañana hasta la tarde. Después les daba *darshan* durante el *Krishna Bhava* y volvía a dárselo, todavía una vez más, durante el *Devi Bhava* de la noche. En aquella época, el *Krishna Bhava* duraba desde las siete de la tarde hasta medianoche. A continuación, Amma se sentaba fuera con los devotos alrededor de media hora e iniciaba el *darshan* del *Devi Bhava*, que, en algunas ocasiones, duraba hasta las seis o las siete de la mañana. Al acabar, se reunía con los devotos y permanecía con ellos hasta las once. Después recibía, uno a uno, a los jóvenes que querían convertirse en *brahmacharis*, y se pasaba el resto del día con ellos. Por la noche, solía ser invitada a casa de los devotos de las aldeas vecinas a celebrar *pujas*. Normalmente, la *puja* empezaba hacia media noche y proseguía hasta las tres o las cuatro de la madrugada. Después, Amma permanecía con los devotos hasta la salida del sol y regresaba al ashram. Esta misma rutina se mantenía, a veces, durante diez días consecutivos. Ninguno de nosotros era capaz de mantener su ritmo. Como nosotros teníamos necesidad de dormir, pensábamos que ella también debía dormir. Por tanto, utilizábamos todo tipo de recursos y estratagemas para hacer que descansara un poco. Teníamos un viejo ventilador muy ruidoso que, con su infernal estruendo, suprimía todos los demás ruidos. Se comprobó que resultaba muy eficaz para aislarla del mundo exterior ya que Amma se incorporaba de un salto nada más oír alguna voz. Quería atender de inmediato a todo aquel que acudía a ella. Las Escrituras afirman que el estado de Realización es el estado en el que cesa la individualidad para que se transparente toda la gloria de la existencia sin ego. Amma es un ejemplo vivo, y no hay más que verlo para creerlo. Algunos días llegaban al ashram más visitantes de los esperados, y los residentes daban su propia comida. ¿Qué hacía entonces Amma? Tomaba una enorme olla e iba por la aldea, de puerta en puerta, a mendigar los restos de arroz para alimentarnos. Tenía la costumbre de decir: "Un *sannyasin* no tiene que sentir ninguna timidez, ni una madre sentir vergüenza por mendigar para sus hijos". A través de estas acciones, Amma nos muestra no sólo lo que es verdadero desapego, sino también lo que es verdadero amor. Incluso, en la vida familiar, se puede progresar espiritualmente si se tiene devoción. Una bellísima historia nos lo muestra:

En una época de gran hambruna, una familia de cinco miembros tuvo que dejar su casa para ir a buscar un medio de subsistencia por los alrededores. El padre pasó por numerosas dificultades y privaciones para alimentar a los suyos. También pasaba días enteros sin comer nada. Debido a esto, murió en poco tiempo. Entonces recayó sobre la madre la carga familiar. Se impuso privaciones tan extremas y se volvió tan débil que apenas podía caminar. Al ver su triste estado, el hijo menor le pidió que descansara y se ofreció a mendigar para todos. La madre no podía hacer otra cosa que aceptar, aunque se sentía muy infeliz al ver a su hijo como un mendigo. Éste se pasaba días enteros sin comer para que su familia pudiera alimentarse, hasta que llegó un momento en que sus fuerzas flaquearon. Un día, casi desfallecido, logró acercarse a una casa y pedir un poco de dinero. El dueño estaba sentado bajo el porche y, al verlo en aquel lamentable estado, lo invitó a comer. En ese momento, el muchacho se desvaneció. El hombre lo levantó y escuchó al niño murmurar algo. Al prestar una mayor atención, pudo oír lo que decía: "Por favor, dadle de comer primero a mi madre". Tras estas palabras, se desmayó.

En nuestros días, no abunda este tipo de amor filial. Observad el gran afecto que unía a estas dos almas en un amor carente de egoísmos. Cuando se vive la relación familiar de esta manera, se purifica el espíritu de todos sus miembros y se abre el camino hacia la Liberación.

Está muy extendida la falsa idea, sobre todo en la India, de que sólo los religiosos pueden llegar a realizar a Dios. Sin embargo, a lo largo de los años, me he encontrado con devotos casados mucho más avanzados que algunos *sannyasin*es. Cuando viví en Hyderabad, en Andra Pradesh, conocí a un devoto casado que había iniciado su vida espiritual hacia los cuarenta y cinco años. Cuando murió, casi octogenario, había realizado a Dios. Ciertamente no le resultó fácil pero, ¿acaso se puede conseguir algo sin esfuerzo? Cada mañana se levantaba temprano, adoraba a Dios, recitaba su *mantra japa* y leía las Escrituras. Y por la tarde, al regresar de su trabajo, hacía lo mismo. Durante el día repetía el Nombre Divino sin parar. Si descubría un santo en la ciudad, lo invitaba a su casa, lo acogía todo el tiempo que el sabio quisiera y lo trataba como a un rey. Además, organizaba ceremonias religiosas en su casa, que llegaban a durar hasta una semana. Se abandonaba a la voluntad de Dios de una manera ejemplar. Por ejemplo, un día lo acompañé al hospital a visitar a un devoto. Mientras estaba consolando al devoto, una enfermera se acercó y colocó una mampara metálica detrás de él. La mampara volcó y, sin que nadie supiera cómo, fue a caer sobre su cabeza. Se desplomó y quedó desvanecido un momento. Yo temía lo peor o que estuviera gravemente herido. Sin embargo, un instante después, se levantó y dijo riendo: "Gracias, Dios mío, muchísimas gracias". Aunque su salud apenas le permitía viajar, no dudaba en acudir allí donde el deber lo llamara. En su juventud llegó a poseer una pequeña fortuna, pero por la codicia de sus parientes se quedó sin nada. Éstos le enviaron a todos sus hijos para que recibieran, a sus expensas, educación y alimento. Lo aceptaba todo como procedente de Dios para permitir su desarrollo espiritual, y no dejó de someterse incondicionalmente a la voluntad divina. Si una persona casada puede concentrar de forma continua su pensamiento en Dios, ya sea a través del *mantra japa*, el estudio de las Escrituras, la oración, la renuncia, la compañía de santos y sabios, la humildad y la entrega a la voluntad de Dios; esta persona podrá, sin ninguna duda, alcanzar la Realización. En cualquier estación de la vida que nos encontremos, se requiere un intenso esfuerzo. Pero lo que ocurre, generalmente, es que el hombre se deja atrapar por los numerosos objetos de este mundo y no avanza. Tal es el poder de Maya, la ilusión universal del Señor.

Había una vez un rey muy virtuoso que no tenía hijos. Al acercarse a la vejez se fue interesando más por la búsqueda espiritual que por los asuntos mundanos. Se pasaba casi todo el tiempo en *satsang, japa*, meditación y estudio de las Escrituras. A los ministros les preocupaba que pudiera morir el rey sin haber designado a un heredero adecuado. Entonces pidieron audiencia al rey y le expresaron sus preocupaciones.

"No temáis nada, –les respondió el rey– escogeré a un sucesor digno de este reino". A continuación les pidió que preparasen una gran feria con las atracciones más extraordinarias y variadas. Tenían que ser tan impresionantes y seductoras que sólo el hombre más desapegado, el más firme y el más perseverante, pudiera resistirse. Se montaron pabellones de juegos y espectáculos, estanques artificiales, y parques, pastelerías y espacios para el entretenimiento y el placer. El rey hizo proclamar entonces que se preparaba para elegir a su sucesor y nombraría a aquel que fuese capaz de encontrarle en medio de la feria.

Acudieron miles y miles de personas, pero la mayoría se quedó fascinada por la belleza de los lugares, la música y los alimentos exquisitos, olvidándose por completo de la razón inicial de su presencia en la feria. Solo pensaban en divertirse. Los pocos candidatos que no sucumbieron a estas tentaciones se pusieron a buscar al rey. Pero, después de un cierto tiempo, pensaron que se requería demasiado esfuerzo y que era mejor aprovechar los placeres de la feria.

Así transcurrieron cuatro días sin que nadie descubriese al rey. El quinto día llegó un joven brillante. Observó la feria, pero no se dejó atrapar por su fascinación. Sin olvidar su meta, fue directo hacia el templo situado en el centro de la feria. Entró y no encontró al rey. Tenía claro que si el soberano se encontraba realmente en algún lugar de la feria, tendría que ser en el templo. Dio una primera vuelta al templo, pero sin éxito. Volvió a hacerlo más detenidamente y vio una pequeña puerta, en uno de sus laterales. Entró y caminó por un pasillo hasta dar con una segunda puerta. La empujó y, de pronto, brotó una luz deslumbrante desde la sala más secreta del templo. Allí, en el centro de aquel espacio, estaba el rey, sentado sobre su trono. El joven se postró ante él y éste le sonrió. El rey rebosaba de alegría por haber encontrado, al fin, un digno sucesor.

El mundo con sus múltiples atracciones representa la feria y Dios es el rey. Y no nos ha enviado aquí para que nos contentemos disfrutando de los objetos mundanos, sino para que descubramos al Señor que se esconde entre ellos. Ciertamente somos sus hijos y los herederos de su reino, pero no podremos obtenerlo más que buscando a Dios con paciencia, perseverancia y firmeza, sin dejar que nuestros sentidos se alejen de la meta. Podemos saborear lo que se presenta ante nosotros, pero sin concebir apego y observando el velo de la ilusión que nos oculta a Dios. No importa que uno sea monje o padre de familia, el mundo seguirá ahí con sus distracciones, y es necesario trascenderlas para progresar en la vida espiritual.

En abril de 1985, se impuso la necesidad de contar con un templo y un espacio que albergara a los visitantes. Desde hacía mucho tiempo, era continuo el flujo de visitantes al ashram. Como no teníamos donde alojarlos, los *brahmacharis* dejaban sus chozas y se quedaban a dormir al raso. No hubiera supuesto ningún problema si hubiera sido algo ocasional, pero tenían que mudarse casi de continuo, dificultando su práctica espiritual. El templo del *Bhava darshan* se había quedado demasiado pequeño para acoger a todos los devotos y, además, Amma deseaba que todo el mundo pudiera estar allí durante el *Devi Bhava* (en esa época, ya había puesto fin a los *Krishna Bhavas*). Para que pudieran estar todos, era necesario que el *Bhava darshan* se diera en una sala inmensa. Así que se decidió construir un edificio que combinara a la vez habitaciones para los devotos y un templo para los *Bhava darshan*. Un devoto, que poseía una gran fortuna, adquirió el terreno que se extendía delante del ashram por aquella época. Allí debía elevarse el edificio. Amma pidió a un devoto arquitecto y a mí que hiciéramos un primer plano, cada uno por nuestro lado. Cual fue nuestra sorpresa, cuando nos reunimos unas semanas más tarde y descubrimos que teníamos exactamente el mismo esbozo. Concluimos que aquel era el plan de Amma, y que nosotros no éramos más que sus instrumentos. Quedaba el problema del dinero. ¿De dónde íbamos a obtener los fondos necesarios para una construcción de tal envergadura? Habíamos previsto una superficie construida cercana a los diez mil metros cuadrados. Amma nos previno para que no pidiéramos nada a nadie. Si Dios deseaba la construcción de ese edificio, proveería de todo lo necesario. Poco después, cuatro o cinco devotos occidentales hicieron donativos para que pudieran empezar los trabajos. Sin embargo, al cabo de cierto tiempo, se terminaron los fondos. Las dos pequeñas casas que yo había construido en Tiruvannamalai permanecían deshabitadas. Propuse venderlas, pero Amma no estaba dispuesta a aceptar. Posiblemente me estaba probando para ver si seguía apegado a mi antigua vivienda, pero hacía mucho tiempo que había dejado de pensar en Tiruvannamalai y en mi vida pasada, pues estaba totalmente dedicado al servicio de Amma. Continué insistiendo para que me autorizase a vender las casitas y acabó por aceptar. Así nos las arreglamos para seguir como pudimos la construcción.

Amma consideró que todos los residentes del ashram, incluida ella, y los visitantes, debían participar en los trabajos. Decía que, de este modo, desarrollaríamos más compasión hacia aquellos que llevan una vida dura. Por otro lado, este trabajo físico le iría bien a nuestra salud y nos permitiría ahorrar. También se convertiría en *karma yoga* (acción desinteresada ofrecida a Dios), puesto que este trabajo tenía una finalidad espiritual. Por tanto, Amma, seguida de todos los demás, empezó a transportar la tierra excavada de los cimientos. A continuación todo el mundo transportó piedras, arena, cemento, ladrillos, maderas y otros materiales de construcción hasta la obra, y participó también en la mezcla del cemento. Yo me preguntaba cuántos otros sabios realizados habían dedicado buena parte de su tiempo trabajando duramente para dar ejemplo a los demás.

También por esta época Amma empezó a viajar frecuentemente por toda la India, a invitación de sus numerosos devotos. Visitaba las principales ciudades hindúes, Bombay, Nueva Delhi, Calcuta, Madrás y multitud de ciudades más pequeñas y aldeas de Kerala. En todos los lugares era recibida con gran entusiasmo y solían acudir a verla miles de personas. Por lo general, Amma daba *darshan* durante seis u ocho horas seguidas, hasta que la última persona había pasado. Debido a estos frecuentes desplazamientos, los devotos empezaron a establecer filiales del ashram para que los programas de Amma pudieran desarrollarse allí. El resto del tiempo serían lugares de solaz y consuelo para aquellos que no pudieran dirigirse a Vallickavu para ver a la Madre.

# Capítulo 7

## *En el extranjero*

Un día recibí una carta de mi hermano Earl, en la que me decía que estaba inmerso en sus estudios y no podría venir a la India durante algunos años. En su lugar, ¿aceptaría Amma desplazarse a América? El dinero que le hubiera costado su posible viaje, lo podría destinar a la compra de un billete de ida y vuelta para ella. Tomé la carta y fui a ver a la Madre. Se la leí y me dijo: "Dile que Amma irá, y tú te encargarás de organizarlo todo". En aquella época, no había más que dos americanos en el ashram: una jovencita que estaba desde hacía algunos meses y yo. Después de pensarlo detenidamente, vi que yo no era la persona adecuada para organizar la gira de Amma en el extranjero, pues ya llevaba dieciocho años en la India. Le pregunté entonces a aquella joven si estaba dispuesta a intentarlo. Lo aceptó enseguida. Amma lo aprobó igualmente y, unos días más tarde, volaba hacia los Estados Unidos. Tras consultarlo con Amma, se decidió que, en lugar de hacer media vuelta al mundo, se hiciera la vuelta completa deteniéndose en Europa en su camino de regreso. La joven se dirigió a América y a algunos países de Europa, y contactó con tantas personas como pudo. El proyecto de la visita de Amma había recibido un eco favorable, y regresó a la India para informar de todo a Amma y a mí. La Madre le pidió que volviera a partir para ocuparse de los preparativos, y así lo hizo.

Amma debía dirigirse primero a Singapur, después a San Francisco, Seattle, Santa Fe, Chicago, Madison, Washington, Boston y Nueva York. De allí, iría a Francia, Austria, Alemania y Suiza antes de volver a la India. La gira completa duraría tres meses. Le pregunté si los residentes del ashram podrían soportar su ausencia durante tanto tiempo, y me contestó que esa sería una buena ocasión para una práctica espiritual más interiorizada. Además, también podrían desarrollar un auténtico anhelo por Dios, pues la vida con Amma era como una fiesta permanente, hasta tal punto que se llegaba, incluso, a olvidar que la meta era la Realización de Dios. Algunos se preguntaban cómo era posible olvidar la verdadera meta de la vida estando con Amma.

Hace unos cinco mil años, el Señor se encarnó bajo la forma de Sri Krishna, en el Norte de la India. Su historia está relatada en el texto sagrado *Srimad Bhagavatam*. Se afirma que el Señor se encarnó para destruir a los malvados y proteger y guiar a los bondadosos. Aunque, por esencia, está más allá de toda forma y de todo atributo, asumió una personalidad de las más agradables para convertirse en objeto de devoción para las generaciones presentes y futuras. Esta es una característica de la antigua religión de la India, en la que se afirma que el Ser Supremo se encarna, a intervalos regulares, cada vez que declina el *dharma* (la conducta justa). Y cuando se encarna levanta un maremoto de devoción y de espiritualidad que inunda al mundo. Coloca en el corazón de los seres humanos una irresistible fascinación hacia Él. Es tanta esa fascinación que, sin esfuerzo, son atraídos por su presencia divina y sólo desean permanecer con Él. Las *gopis*, pequeñas vaqueras de la aldea de Krishna, conocieron desde el instante de su nacimiento esta formidable atracción, e hicieran lo que hicieran, no podían pensar más que en Krishna. Incluso cuando iban por las calles vendiendo sus productos, gritaban: "¡Krishna! ¡Kesava! ¡Narayana!" (diferentes nombres de Krishna) en lugar de "¡Leche! ¡Mantequilla! ¡Yogur!" Desde el momento en que Krishna salía de la aldea para llevar a pastar a las vacas, hasta su regreso por la tarde, todos los pensamientos de las *gopis* se centraban en Él. No meditaban, ni realizaban ninguna práctica espiritual y, sin embargo, alcanzaron la unión con Dios. ¿Cómo es posible? El *Bhagavatam* afirma que, independientemente de nuestra actitud, se puede realizar a Dios pensando constantemente en Él. Podemos amarlo como si fuera nuestro propio hijo o esposo, como nuestro amigo o pariente; e incluso llegar a detestarlo como a nuestro peor enemigo, o temerlo. Todas estas actitudes interiores pueden llevarnos a la Realización gracias al recuerdo constante de Dios, pues ese recuerdo constituye, en sí mismo, una meditación. ¿Acaso no se pretende en la meditación la concentración absoluta sobre un único pensamiento, excluyendo todos los demás? Ciertamente a nadie le gusta pensar en Dios por odio o por miedo, pues resulta doloroso ser su enemigo. De hecho, si se desea alcanzar la Realización, no basta con meditar muchas veces al día y olvidarse el resto del tiempo de Dios. Su recuerdo constante es la condición previa para una vida espiritual correcta. Por tanto, el pensamiento en Dios debe impregnar cada una de nuestras actividades cotidianas.

Vivir con Amma viene a ser como vivir con Krishna. Los pensamientos de sus devotos se centran inexplicablemente en ella y se experimenta una alegría excepcional estando en su presencia. Sin embargo, nos dice que para perpetuar este sentimiento es necesario realizar prácticas espirituales, en la forma de *mantra japa*, meditación y el autocontrol. En presencia de Amma, uno se puede sentir espontáneamente feliz y tranquilo, sin preocuparse por cómo sería en su ausencia. Por eso Amma consideró que una separación de tres meses, aunque fuera tan penosa, facilitaría el crecimiento espiritual de sus hijos. Aparentemente poseían suficiente madurez para obtener provecho de esta situación. Ciertamente, muchos devotos experimentan una mayor concentración y más devoción cuando están lejos de Amma, que en su presencia física. La separación es, de hecho, un medio muy efectivo para incrementar el anhelo. Esa era la forma que utilizaba Krishna para conducir a las *gopis* hacia la Realización.

Una tarde de luna llena, el Señor Krishna tocó una pieza de flauta. Aquella era la señal para que las *gopis* acudieran a encontrarse en el bosque con Él para la célebre danza de *Rasa Lila*, que simboliza la felicidad divina que siente el alma en comunión con Dios. Las *gopis* lo abandonaron todo para ir a danzar con su bienamado Krishna. Después de estar con el Señor, sintieron un cierto orgullo por su buena suerte. En ese instante, Krishna desapareció. Ellas se volvieron locas de deseo por volverlo a ver, y empezaron a errar por el bosque en una búsqueda frenética. Cuando la locura alcanzó su máximo grado, el Señor reapareció y puso fin a su angustiosa búsqueda. Entonces, las *gopis* le dijeron: "Algunos aman a los que les aman. Otros aman incluso a aquellos que no les aman y hay otros que no aman a nadie. Por favor, Señor, explícanos por qué sucede así". En otras palabras, las *gopis* acusaban al Señor de indiferencia, cuando ellas desbordaban tanto amor hacia Él. Querían saber por qué las trataba tan duramente.

Krishna contestó: "En realidad, aquellos que se aman por interés mutuo, queridas amigas, solo se aman a sí mismos, y a nadie más. Su comportamiento obedece a un interés egoísta. La virtud y la buena voluntad no están presentes, pues la motivación de tal amor es puramente egoísta. Los que aman realmente, incluso sin recibir nada a cambio, están llenos de amor y de compasión, así es el amor materno. En este amor hay buena voluntad y virtud irreprochable, encantadoras jóvenes. Están aquellos que no aman a nadie, y poco importa que los otros les amen o no. Estos últimos son o sabios que se han ensoberbecido en su propio Ser y no tienen ninguna percepción de la dualidad, o personas que han conseguido cuanto ambicionaban y no anhelan el gozo mundano, aunque están conscientes de los objetos externos. Pueden ser también necios que son incapaces de apreciar su buena fortuna, o bien ingratos que, conscientes de los favores recibidos, muestran enemistad incluso hacia sus benefactores. Yo, por mi parte, queridas amigas, no pertenezco a ninguna de esas categorías puesto que no hago visible mi amor, ni siquiera a aquellos que me aman. Es para que no piensen en mí como pudiera pensar una persona, sin dinero, en un tesoro encontrado, y que, obsesionada por esa fortuna, permanece ajena e insensible a todo lo demás. Con el fin de asegurar vuestra devoción constante hacia mí, me he alejado de vosotras, amadas mías, durante un cierto tiempo y, aunque no me vierais, os he seguido amando y escuchado con delicia vuestras declaraciones de amor. Por mí habéis rechazado el ceremonial mundano y los preceptos de las Escrituras y habéis desertado a los vuestros. Por tanto, amadas *gopis*, no debéis censurar a vuestro adorado. Siempre os estaré agradecido, ya que vuestra relación conmigo es absolutamente pura, y habéis concentrado la mente en mí, rompiendo los lazos que os unían a vuestras familias, y que no resultan fáciles de romper".

*Srimad Bhagavatam*, X, 32, v.16-22

Estas palabras del Señor nos explican cómo la separación física de un Ser divino sirve para purificarnos y concentrar de forma inquebrantable nuestras mentes en Dios. Cuando Krishna abandonó Brindavan, la aldea de su infancia, dijo a las sufridas *gopis* que regresaría pronto, pero de hecho, no volvió jamás. Solo años más tarde, las encontró de nuevo en Kurukshetra, en donde se reunieron personas de toda la India para ver un eclipse de sol. En aquel momento, las *gopis* estaban tan impregnadas por el pensamiento constante de Krishna y tan perfectamente abandonadas a su voluntad, que sus individualidades se había fundido en Él. La turbulencia de sus anhelos y devoción había dado paso a la perfecta paz de la Unidad. Así es el fruto último de la devoción a Dios. Lo que sucedió entre Krishna y las *gopis* también se producirá entre cualquier Alma Divina y sus devotos. Por todas estas razones, Amma consideró que una separación de tres meses sería buena para sus hijos, quienes habían estado disfrutando de su constante compañía, algunos de ellos durante muchos, muchos años.

Se decidió que algunos de nosotros partiéramos hacia Estados Unidos en una gira previa para dar a conocer a Amma antes de su llegada. Así pues, partí con otros dos *brahmacharis* el 22 de marzo de 1987, unos dos meses antes del previsto viaje de Amma. Nos detuvimos primero en Singapur y, tras tres días de charlas introductorias, seguimos hacia San Francisco. Para los dos *brahmacharis* que me acompañaban, era la primera vez que abandonaban la India y les resultaba una experiencia totalmente nueva. Me convertí en su "gurú de lo occidental" a pesar del choque cultural que también representaba para mí. Al igual que los occidentales sienten un fuerte impacto cuando viajan a la India y les cuesta un tiempo adaptarse, los hindúes que viajan a Occidente también lo sienten. Aunque la India y Occidente pertenecen al mismo planeta, son dos mundos aparte. Nos instalamos en Oakland, en casa de mi hermano, que en aquel momento estudiaba derecho en Berkeley. Acompañados de otros dos devotos, viajamos en una vieja furgoneta Volkswagen por los lugares que Amma iba a visitar. Dábamos charlas sobre Amma y cantábamos cantos devocionales en cada ciudad. Así llegamos hasta Nueva York y, una vez allí, nos volvimos directamente a San Francisco para recibir a Amma.

Nada más regresar a casa de mi hermano, telefoneamos a Singapur para saber si Amma ya había llegado allí. No teníamos claro que Amma fuera a abandonar la India, aunque así se hubiera acordado. ¿Cómo iban a sobrevivir en su ausencia los residentes del ashram? ¿Cómo habrían sido las despedidas? Tal vez, al ver su desamparo, ¿habría anulado Amma su viaje? En ese caso, ¿tendríamos que volver a la India? Estos eran nuestros pensamientos en aquel instante. Nuestra ansiedad desapareció cuando Gayatri respondió el teléfono y nos dijo que todos habían llegado bien. ¡Qué alivio! En ese momento, Amma se puso al teléfono y nos dijo con gran entusiasmo: "¡Hijos míos!" Nos caímos los tres de espaldas, arrastrando el teléfono. Los dos *brahmacharis* no hacían más que sollozar. Tras aquel momento de desconcierto, cogieron el teléfono y preguntaron: "Amma, ¿vendrás a vernos pronto?" Amma los tranquilizó y, tras conversar un buen rato con ellos, se despidió. Los *brahmacharis* habían estado casi dos meses alejados de ella, lo que les suponía una gran tensión emocional. Al oír la amorosa voz de Amma se inundaron sus corazones de alegría.

Dos días después, en la tarde del 18 de mayo de 1987, Amma llegaba al aeropuerto de San Francisco, donde la esperaba una gran multitud. Era como una niña, mirando todo lo que tenía a su alrededor, saludando a todos y abrazando afectuosamente a los que se le acercaban, ¡e incluso a los que no habían ido allí a esperarla! Llevamos a Amma a casa de Earl en una furgoneta de alquiler y durante el trayecto le explicamos cómo había ido nuestra gira previa. Amma también nos narró todo lo que había acontecido en el ashram durante nuestra ausencia. Nada más llegar a la casa, Amma se sentó para dar *darshan*. Nosotros estábamos muy inquietos, pues acababa de pasar dieciséis horas en un avión y debía estar realmente cansada. Estaba dispuesta a pasarse dos o tres horas más para reunirse con sus hijos occidentales. Nosotros protestamos, pero resultó inútil. Nos dijo: "Estos hijos han estado mucho tiempo esperando para verme. ¿Qué importa si no descanso hasta dentro de un rato? No he venido para llevar una vida cómoda, sino para servir a los demás".

Muchas personas asistían a los darshans de la mañana y a los programas de la tarde. El *darshan* de la mañana se celebraba en casa de Earl, mientras que los programas de la tarde tenían lugar en iglesias o salas de San Francisco, Berkeley y Oakland. Amma pasó también algunos días en Santa Cruz y en Carmel. Por la tarde había generalmente una breve charla, seguida de *bhajans* (cantos devocionales) guiados por Amma y, finalmente, se celebraba el *darshan* que duraba hasta media noche. El primer *Devi Bhava* de Occidente tuvo lugar en casa de Earl. Fue una experiencia extraordinaria para todos nosotros. Los devotos occidentales no sabían muy bien a qué atenerse, y nosotros mucho menos. La casa de Earl estaba hasta los topes, y la multitud se agolpaba hasta en la calle. Todo el mundo se amontonaba en la habitación contigua a la sala de *Devi Bhava*, y se subían los unos sobre los otros para ver lo que pasaba. Aquello parecía una casa de locos. Había corrido el rumor de que Amma iba a entrar en un tipo de trance, y nadie quería perdérselo. Antes del inicio del *darshan*, todo el mundo recitaba, o más bien gritaba el Nombre Divino.

Al final, se abrieron las puertas del "templo" y se produjo un silencio total. Imposible describir la expresión de los rostros allí presentes. Absorbían a Amma con la mirada como si estuvieran muertos de sed. Nunca antes habían contemplado semejante esplendor y majestuosidad, como si la Reina del Universo hubiera descendido sobre la tierra para conceder a los humanos la gracia de su gloriosa visión. Su sari de seda brocada centelleaba mientras ella vibraba de energía divina, y las joyas de su corona lanzaban destellos de luz como un amanecer de mil soles. Uno tras otro, todos formaron una cola para recibir el *darshan* de la diosa venida sobre la tierra, mientras que en el aire resonaban los cantos devocionales. El *darshan* continuó hasta las tres o las cuatro de la madrugada. Cuando horas más tarde me puse a limpiar, descubrí que algunas paredes interiores se habían agrietado por la presión de la multitud. ¡Menos mal que el edificio no se había venido abajo! Amma había hecho, realmente, una entrada triunfal en los Estados Unidos.

Durante la gira, Gayatri nos preparaba la comida y dejaba siempre una parte para la cena, pues cuando terminábamos el programa de la noche era demasiado tarde para cocinar. Por desgracia, cuando estábamos aún en casa de Earl, algunos devotos, seducidos por los sabrosos olores que se escapaban de la cocina, descubrían las delicias de la cocina hindú y se servían nuestra cena. Cuando volvíamos, después de la medianoche, nos encontrábamos con la sorpresa de que alguien se había adelantado y nos había dejado sin cena. Un día, no tuve más remedio que ir a la tienda de la esquina a comprar dos panes y un tarro de mermelada. Así nos hicimos nuestra pequeña cena y empezamos a disfrutarla. En ese momento se presentó Amma y nos preguntó por qué comíamos pan y no arroz. Tras explicarle lo que había ocurrido, Amma preguntó:

"¿Cuánto han costado estos panes y esta mermelada?"

"Unos cuatro dólares", le respondí.

"¡Cuatro dólares! Pero si eso son casi cincuenta rupias en la India. ¿Sabéis cuántas personas pueden alimentarse con cincuenta rupias? Si hubiérais empleado esos cuatro dólares en arroz y legumbres, podríais haberlos cocinado en media hora y os habría sobrado comida para mañana. No porque estéis en América tenéis que dejar de pensar en rupias".

Amma había conocido la extrema pobreza durante su infancia. Su familia la trataba como a una criada y se pasaba muchos días sin comer. Le daban ropa usada o de la más barata y tenía que arreglárselas cosiendo y recosiendo, una y otra vez, sus desgarradas prendas. Ese espíritu economizador lo mantuvo, tambien, después de crearse el ashram. Intentaba inculcarnos que todo nos es dado por Dios y que, dado su valor, merecía ser tratado con gran cuidado. No estaba dispuesta a cambiar sus principios por haber llegado a la abundancia del mundo occidental.

Hubo muchas conversaciones edificantes en el transcurso de su gira. Un día, durante el *satsang* de la mañana, alguien preguntó: "Amma, las Escrituras dicen que yo soy el Atman (el Ser). Si es así, ¿por qué tengo que meditar y hacer todas estas purificaciones previas, en lugar de sumergirme directamente en esa Realidad".

Amma contestó: "Hijo mío, si pudieras hacerlo, no plantearías esa pregunta. Aunque has oído decir que eres el Atman, no puedes decir que seas capaz de saborearlo y verlo en todo. No podrás disfrutar de las flores hasta que plantes las semillas y dejes que germinen y crezcan.

"Si nunca hubieras visto a tu padre, no te sentirías satisfecho con solo oír su nombre. Desearías conocerlo físicamente. De igual forma, si tu madre viviera alejada de ti, no estarías contento hasta encontrarla y verla en persona. Sólo la experiencia directa del Atman nos permite saborear su bienaventuranza, y no la simple certeza de su existencia. En este momento, solo tenemos la convicción intelectual de que existe esa Verdad. Nuestra mente no hace más que agitarse e ir de un lado a otro, igual que un mono. Con una mente así resulta difícil alcanzar lo Eterno. Si un gato olfatea pescado, no parará hasta que llegue a comérselo. De igual modo, cuando nuestra mente entra en contacto con el mundo, se vuelve incontrolable como el mono inquieto o el gato hambriento.

"Aunque sabemos que la Realidad Suprema reside en nosotros, continuamos comportándonos como si la felicidad pudiera obtenerse del mundo material. Por esta atracción de los objetos mundanos, somos incapaces de progresar hacia la Realización. Suponed que colocáis un tintero en la esquina derecha de vuestro escritorio y que lo utilizáis durante diez días sin cambiar de posición. Si al undécimo día lo colocáis a la izquierda, vuestra mano

El arribo de la Madre al aeropuerto de San Francisco, 1987

irá automáticamente a buscarlo a la derecha. Los viejos hábitos nos hacen retroceder e impiden que progresemos espiritualmente.

"Hijos míos, para que nuestra mente deje de correr de un objeto a otro, debemos desarrollar nuevos hábitos, como la meditación y el *mantra japa*. Al hacerlo así conseguimos una mayor concentración. Cuando queremos producir electricidad construimos una presa sobre un río y canalizamos el agua. Con la práctica espiritual sucede igual, canalizamos hacia un solo punto las ideas errantes de la mente, haciendo que ésta se vuelva más sutil y poderosa. Sin alcanzar, primero, ese estado de concentración, es imposible la Realización. Hay que seguir con nuestro *japa* mientras estemos haciendo las actividades diarias. De esa manera, surgirá una corriente continua de buenos pensamientos que purificará la sangre, la mente y el intelecto, engendrando una gran capacidad de memorización y un buen estado de salud. Con los malos pensamientos sucede lo contrario, destruyen esas mismas cualidades.

"Actualmente representamos una luz muy tenua como algunas farolas nocturnas. Por medio de *sadhana* podemos volvernos deslumbrantes, espiritualmente luminosos. No basta con dibujar una bombilla eléctrica para que ésta nos dé luz. Decir que "Yo soy el Atman" no es lo mismo que experimentarlo directamente. Se requiere esfuerzo. El frescor de la brisa, los rayos de la luna, la inmensidad del espacio; todo está impregnado de Dios. Conocer esta Verdad es la meta del nacimiento humano. Esforzaos por alcanzarla."

Amma se dirigió a Seattle y después regresó a la Bahía de San Francisco, permaneciendo unos días en el Monte Shasta. Cuando, de camino hacia el norte, se hizo visible la montaña desde el coche, Amma se puso a mirarla fijamente. En ese momento ella no sabía que esa montaña, cubierta en su cima por una nube, era el Monte Shasta. Siguió mirándola y acabó por preguntarnos si era el Monte

Shasta. Contestamos afirmativamente y prosiguió su contemplación hasta que llegamos al lugar del retiro, en la ladera de la colina. El paisaje era magnífico. A nuestra espalda teníamos la montaña cubierta de nieve, la ladera cubierta de prados verdes y, a nuestro alrededor, un conjunto de volcanes inactivos. En aquel lugar no había electricidad, pero eso no nos trastornó lo más mínimo, nos sentíamos felices por estar en plena naturaleza. Una vez situada en su dormitorio, Amma preguntó a los organizadores locales si se le solía rendir culto a aquella montaña. Contestaron que, según se cuenta, los indios americanos le rendían culto en otro tiempo, pero que en la actualidad estaba considerada como lugar sagrado y morada de seres divinos. Amma dijo: "Por el camino, me he sentido atraída por la nube que coronaba la montaña. No podía apartar la mirada. A continuación percibí en la nube una presencia viva que recordaba a Shiva con tres líneas de ceniza sagrada sobre su frente. Pensé que esta montaña había podido ser reverenciada desde épocas pasadas como una forma de Dios".

Cuando nos sentábamos con Amma en estas laderas cubiertas de hierba, se acentuaban los efectos místicos de la atmósfera y nos veíamos envueltos en un estado de gozosa serenidad. El último día de este retiro, queríamos llevar a Amma a la cima de la montaña para que tocara la nieve, pues no había visto jamás la nieve en la India. Sin embargo, insistió en dar *darshan* hasta el último momento, y solo nos quedó el tiempo justo para nuestro regreso a Oakland. He comprobado que cada vez que intentamos hacer feliz a Amma de una forma mundana, ella hace que, de algún modo, se frustren nuestros planes y aprovecha el tiempo para un fin puramente espiritual. A la que está establecida en el gozo de la Realización Divina, ¿qué otra cosa podría hacerle feliz? Después de todo, la pequeña felicidad que obtenemos de los objetos sensoriales no son más que un infinitesimal reflejo de la bienaventuranza divina. La luna parece muy bella en el cielo nocturno, y un niño ignorante pensará que brilla por su propia luz. Hasta que no llegue el amanecer de la Auto-Realización, nos parecerá que la luna de nuestra mente brilla por sí misma, y que la felicidad que experimenta la mente posee una existencia independiente. Amma trataba de enseñarnos que no hay que buscar la felicidad fuera de nuestro auténtico Ser. Si los sabios no dan ejemplo a los ignorantes, ¿quién lo hará?

Después del Monte Shasta, continuamos camino hacia Santa Fe y Taos. En todas las ciudades se desarrollaba igual programa que en la bahía de San Francisco, y los *Devi Bhavas* se celebraban en la casa de nuestros anfitriones. No se pudo seguir de igual manera en los años siguientes por el número creciente de devotos, lo que obligó a buscar espacios más grandes. La noche de su llegada a Santa Fe, Amma no pegó ojo ni un momento. A la mañana siguiente nos contó que se había pasado la noche dando *darshan* a extrañas criaturas sutiles que vivían en los alrededores. Cuando le preguntamos a qué se parecían estas criaturas, afirmó que tenían el torso de un animal y las piernas de un ser humano. Por una extraña coincidencia, en una de las habitaciones de la casa en la que estábamos alojados, había una serie de figuras que respondían exactamente a la descripción que había hecho Amma. Cuando preguntamos qué eran, nuestro anfitrión dijo que eran imágenes de dioses, *kachinas*, que eran venerados por las tribus indígenas de América. Comprendimos entonces que tales seres existían y que solo eran visibles a aquellos que tienen ojos sutiles para ver. Aparentemente, habían reconocido quién era Amma y habían acudido en masa a recibir su bendición.

Un día, durante el *satsang* de la mañana, tuvo lugar una interesante conversación entre Amma y un sincero buscador espiritual. Todos los que realizan una búsqueda espiritual comprueban que, en un determinado momento de su *sadhana*, su mente se distrae de la meta de la Auto-Realización por la presencia de deseos sexuales. Esta persona le pidió consejo a Amma sobre esta cuestión: "¿Amma, que deberíamos hacer frente al deseo sexual?"

Amma contestó: "Hijo mío, hay una atracción natural entre hombres y mujeres que también se da entre todos los seres. Aunque se renuncie a los placeres del mundo, seguirá viva esta atracción sutil hasta que uno realice la Verdad. Un anciano de cien años puede sentir deseos por una adolescente de dieciséis. Es difícil superar este *vasana* (tendencia innata) que procede de vidas pasadas. Incluso estos cuerpos son el fruto del deseo de nuestros padres. Fuiste concebido como resultado de la necesidad de satisfacer sus deseos. Por tanto, hasta que no llegues a la Liberación, el deseo sexual seguirá existiendo, como un obstáculo.

"Pero no temáis. Refugiaos constantemente a los pies del Señor y rezadle con sinceridad, de todo corazón: "¿Dónde estás? Por favor, no dejes que mi mente malgaste su tiempo en tales pensamientos. Deja que esa misma energía que está siendo derrochada se utilice para el bien del mundo. ¡Oh, bienamado, te ruego que vengas y me salves!" Si vamos rezando de ese modo, progresaremos cada vez más."

El hombre preguntó: "Amma, si es tan difícil controlar las tendencias sexuales, ¿Qué posibilidades tenemos de liberarnos los que estamos tan inmersos en el mundo?"

"Hijo mío, cuando el deseo ardiente de realizar a Dios está anclado en tu corazón, no te queda más sitio para los deseos mundanos. Cuando una joven tiene un novio atractivo y afectuoso, es incapaz de pensar en otro hombre. De igual manera, si vuestra mente estuviera repleta de Dios, no daría cobijo a nada más. Cuando se tiene fiebre, las cosas dulces saben amargas. Igualmente, cuando ardemos en deseos de Dios, se pierde el gusto por las cosas mundanas.

"No penséis: '¿Cómo va a ser posible alcanzar ese estado? Yo nunca conseguiré la Liberación.' A través de nuestra oración y *sadhana*, podemos lentamente alcanzar la meta. Recordad siempre que la felicidad transitoria que da el sexo está revestida de sufrimiento. Si una manguera tiene un agujero, disminuirá la presión de agua. Si una cazuela tiene una grieta, se escapará toda el agua, por mucha que echemos en ella. También la energía que se consiga a través de *sadhana* desaparecerá en los que sean demasiado indulgentes con el sexo. El agua, cuando entra en ebullición, es capaz de mover una máquina de vapor. De igual manera, a través del auto-control se purifica la mente y se vuelve suficientemente poderosa para realizar a Dios.

"Hijo mío, si desarrollas un buen carácter, mantienes buenos pensamientos y procuras la compañía de santos y sabios, podrás eliminar tres cuartas partes de tus tendencias negativas. Sin embargo, éstas no serán del todo destruidas hasta que no alcances la Realización. Por tanto, sigue firme en dirección a la meta sin temor alguno, desánimo o tristeza."

De Santa Fe, fuimos a Madison, Chicago y Boston, en donde se celebraron programas muy concurridos en Cambridge Zen Center, en la Sociedad Teosófica y en la Harvard Divinity School. Después, tras concluir el programa de Nueva York, Amma dirigió un retiro de varios días en Rhode Island. Mientras estábamos allí, uno de mis primos, Ron, vino a ver a Amma. Era un próspero hombre de negocios y también un sincero buscador espiritual. Pidió consejo a Amma sobre su futuro y ella le recomendó que siguiera con su trabajo en el mundo, como un servicio hacia sus empleados, y que intentara mantener el celibato. Ron se sintió muy feliz al oír las palabras de Amma, pues estaban cargadas de sentido. Unos días más tarde partimos hacia Europa.

La atmósfera en Europa era notoriamente distinta a la de América. Un sentimiento de la tradición del viejo mundo era perceptible en todas partes. Era un cambio agradable respecto a la moderna América, aunque también suponía algunos inconvenientes. Ante la falta de grandes almacenes, perdíamos muchísimo tiempo en buscar los artículos más elementales. Además teníamos que recurrir a intérpretes porque sólo hablábamos inglés. Los devotos europeos eran también un poco más reservados que los de Estados Unidos, aunque al cabo de los años iban a ser mucho más numerosos. Dos de los lugares más memorables que Amma visitó fueron una casa de retiro en una aldea alejada de Austria y un ashram en los Alpes suizos. A pesar de las temperaturas extremadamente frías, a veces próximas a cero grados, Amma se sentaba a menudo en el exterior, sin más ropa que un sari de algodón. Allí contemplaba las pintorescas colinas verdes mientras cantaba a la Madre Divina la canción *Srishtiyum Niye...*

*Tú eres la Creación y el Creador*
*Eres la Energía y la Verdad*
*Oh Diosa... Oh Diosa... Oh Diosa*

*Tú eres el Creador del Cosmos*
*Eres el Principio y el Fin*

*Tú eres la Esencia del alma individual*
*Y también eres los cinco elementos.*

Durante el *Devi Bhava* en Austria, me enfadé al ver en la sala, a unos doce metros de Amma, a un hombre y una mujer acostados juntos en el suelo. A lo largo de toda la gira, se dieron casos similares y no resultaba raro ver personas abrazándose, besándose o dándose masajes mutuamente. A veces era su forma de vestir la que resultaba indecorosa, o su forma de hablar y reír en voz alta en presencia de Amma. Esto creaba una atmósfera irreverente e indicaba cierta dejadez. Todo eso me disgustaba, pues estaba acostumbrado a las formas orientales, impregnadas de espiritualidad. Allí, la mayoría sabía cómo comportarse en los templos y en presencia de un *Mahatma*. Sin embargo, Amma no me permitió que hiciera la más mínima advertencia. Ella era, ciertamente, la recién llegada entre todos ellos, y no se les podía culpar de nada. ¿Cómo se va a reprochar a alguien que no se comporte adecuadamente en una situación que nunca antes ha experimentado? Sin embargo, al ver a aquella pareja tumbada en el suelo, le pedí a uno de los devotos que les dijera que se levantaran y mostraran un poco más de respeto ante la presencia de la Madre sagrada. El devoto fue hacia la pareja, se sentó junto a ellos y les planteó la siguiente cuestión: ¿Puedo deciros algo? Si la Reina de Inglaterra estuviera sentada ahí en el estrado, ¿seguiríais tumbados aquí de ese modo?" La pareja se mostró visiblemente contrariada al oír aquello y dijo: "Desde luego que no". "Entonces ¿cómo podéis estar tumbados aquí delante de la Sagrada Madre, si ella es la Reina del Universo". No hizo falta decir nada más, pues se levantaron de inmediato.

Amma pasó diez días en los Alpes Suizos, en un bello ashram rodeado de picos nevados, con magníficas vistas a los lagos esmeraldas que se divisaban en los fondos de los valles. Acudió muchísima gente de toda Europa a este retiro y, para todos nosotros, fue una ocasión memorable. Durante uno de los *darshan* de la mañana, alguien le preguntó: "Amma, ¿cómo puedo ser útil al mundo? Al hacer mi propia *sadhana* ¿se beneficia, de alguna manera, el mundo?"

Amma contestó: "Cualquier *sadhana* que hagas beneficiará al mundo entero. Las vibraciones generadas por la meditación o la repetición de un *mantra* purifican tu propia mente y también la atmósfera que te rodea. Sin percatarlo, expandirás paz y quietud a todos aquellos con los que entres en contacto. Si te preocupa el bienestar del mundo, practica *sadhana* sinceramente. Tienes que llegar a ser como el faro que guía los barcos en la oscuridad y manifestar la luz de Dios en el mundo.

"A veces, algunos se acercan a Amma y le cuentan: 'Mira, ha habido tal o cual escándalo político, una catástrofe financiera.' Hijos, nada es eterno en este mundo. Si os apegáis a los objetos externos, solo obtendréis sufrimiento. Es el sufrimiento el que nos conduce a Dios. La conciencia cósmica que nosotros llamamos 'Dios' está presente en toda la creación. Pero una comprensión intelectual de esta verdad no nos dará paz mental. Tenemos que llegar a experimentarla, necesitamos quedar inmersos en la Pura Conciencia.

"No hay atajos en el camino hacia Dios. Hay que practicar *sadhana* con regularidad y devoción. Nuestro propio esfuerzo hará que percibamos la Gracia que Dios derrama constantemente sobre nosotros. Por tanto, emplea cualquier tiempo libre para buscar a Dios. Si generas paz en tu propio corazón por medio de *sadhana*, eso tendrá un efecto positivo en tu familia, trabajo, etc. Esta paz y amor hacia Dios brotará de tu corazón y animará a otros a seguir por el buen camino.

"No necesitas predicar a la gente. Vive de acuerdo con la Verdad, y se beneficiarán muchas personas. Gracias a la *sadhana*, potenciarás las virtudes eternas. Nuestra práctica tendría que desarrollar la paciencia, la tolerancia, la apertura de espíritu, la compasión, pues, de otro modo, no obtendremos beneficio alguno. Si permanecemos meditando una hora y, a continuación, nos encolerizarnos cinco minutos, perderemos todo lo conseguido con la meditación. Sólo puede ser un benefactor para los demás aquel que vive de acuerdo con la Verdad, y no el que solo se dedica a predicar.

"Amma no habla demasiado porque muchos de vosotros leéis bastantes libros y asistís a charlas sobre espiritualidad. Lo que ahora tenéis que conseguir es ponerlo en práctica y asumir la Verdad como algo propio. Eso es lo que os conviene hacer."

De Suiza, volamos hacia Male, la capital de las Maldivas. Pensamos que después de la fatiga de tres meses de gira, Amma tenía necesidad de un día de descanso antes de volver a la vida trepidante de la India. Habíamos oído decir que las Maldivas era un lugar paradisíaco, y ciertamente lo era. Pero antes de alcanzar el paraíso, había que pasar por el infierno, pues los funcionarios de aduanas insistieron en registrar cada una de nuestras maletas, lo que representó dos o tres horas de larga espera en el aeropuerto. Aquella situación nos resultó realmente impactante, sobre todo al contrastarla con las despreocupadas formalidades de los países que acabábamos de visitar. Era como si nos lanzaran desde un refrigerador a un horno. Salimos del aeropuerto y tomamos un ferry para ir a una pequeña isla, situada a una hora de distancia de la isla principal. Aquella isla, de apenas cuatro kilómetros cuadrados y unas pocas construcciones, evocaba el decorado de una película de aventuras en los mares del sur. No había nadie más en la isla, salvo el personal del hotel. Era realmente un pequeño paraíso, con sus arenas blancas y sus lagunas de aguas transparentes en las que se veían brillantes peces de todos los colores. Aquella noche, Amma se sentó con todos nosotros para cantar las nuevas canciones compuestas durante la gira. El cielo aparecía completamente estrellado e iluminado por la luna llena. Era verdaderamente el paraíso sobre la tierra.

Al día siguiente por la mañana, cuando volvimos a embarcar hacia la isla principal, el mar se alborotó rápidamente, y creo que muchos de nosotros empezamos a imaginar que íbamos a hundirnos en los profundos abismos. Al final llegamos a la isla principal y nos sentimos muy "entusiasmados" al saber que los aduaneros deseaban abrir de nuevo todas nuestras maletas antes de despedirse. Nos sentimos bastante aliviados al abandonar este paraíso infernal, y muy felices cuando llegamos a la India, una hora y media más tarde. Una multitud esperaba a Amma en el aeropuerto de Trivandrum. Desde allí la llevaron a un auditorio de la ciudad donde se le ofreció una recepción oficial. Después tomamos un autobús para hacer el recorrido de tres horas hasta Vallickavu, en donde la esperaban los residentes del ashram que ardían en deseos por recibirla, después de estar tanto tiempo ausente. También los aldeanos de los alrededores, por lo general maldispuestos hacia ella desde los primeros tiempos de su *sadhana*, se alegraron al verla y la acogieron con gran solemnidad. Sin dejarse atrapar por la excitación del momento, Amma recorrió todo el ashram para ver los cambios que se habían producido y limpiar ella misma aquello que veía sucio. Todos estaban contentísimos con su vuelta, era como si resucitaran de nuevo.

Al final de aquel año, Amma aceptó la invitación de sus devotos de las islas Reunión y Mauricio. Con un grupo de *brahmacharis* embarcó el 17 de diciembre de 1987 con rumbo a estas dos pequeñas islas de la costa oriental africana. Un discípulo de Amma, Prematma Chaitanya (ahora Swami Premananda Puri) había construido un pequeño y maravilloso ashram para la Madre en la Isla Reunión. Allí la esperaba un buen número de personas, muchas de las cuales lloraban de alegría al verla. Los programas de Amma se celebraban en varios lugares de la isla y a ellos solían acudir más de mil personas de diferentes religiones. Fueron momentos de maravillosa armonía religiosa. Amma fue, además, recibida en la mezquita de la isla Reunión. Quizás fuera la primera vez, en la historia de aquella mezquita, en la que un maestro espiritual no musulmán era invitado y recibido por un maestro sufí. Éste había tenido una experiencia mística en una de sus visitas al ashram de Amma en la Isla Reunión. Cuando estaba ante una hermosa foto de Amma en la sala de meditación, tuvo la visión de Amma saliendo de la foto y presentándose, en carne y hueso, ante él. Se postró inmediatamente. Al abandonar la sala, le dijo a Prematma: "Hoy he visto a una verdadera Madre". Más tarde se dirigió a su congregación, en la mezquita, con estas palabras: "Es extremadamente difícil encontrar un alma realizada. Y, si ocurre, es más difícil aún reconocerla, pues tales seres no se dan a conocer fácilmente. Una santa de la altura del profeta Mahoma vendrá pronto a nuestra isla. Si estáis de acuerdo, podemos ir a recibirla al aeropuerto e invitarla a visitar la mezquita." Todo el mundo se mostró de acuerdo y tuvo lugar la recepción. Amma dio el *darshan* a todos los que acudieron y muchos no pudieron contener sus lágrimas. Todos se sintieron apenados al verla partir, pues las distinciones superficiales de casta y religión habían desaparecido ante su puro amor. De Isla Reunión, Amma se dirigió a Isla Mauricio, donde fue invitada a visitar al Gobernador General en su residencia. Allí contestó a sus numerosas preguntas sobre espiritualidad y obras sociales. En el curso de su estancia de tres días en la isla, fue recibida en numerosos templos y ashrams, regresando finalmente a la India en la primera semana de enero.

Muchos años antes, en la época en que Amma inició los *Krishna Bhavas* y todavía no había muchos devotos, le dijo a su padre durante un *Bhava darshan* que llegaría a viajar muchas veces alrededor del mundo y que vendrían a verla de todos los países del mundo a Vallickavu. Desde luego, su padre no se creyó ni una palabra, pues ella no era más que una sirvienta, no poseía nada y no tenía ningún porvenir. ¿Quién iba a imaginar entonces que una aldeana desconocida llegaría a reconfortar y consolar a millones de personas de todas las procedencias? La primera vuelta al mundo confirmó la verdad de sus palabras. Surgido más de la intuición que de la razón, su conocimiento del futuro es infalible. No hay que dejarse guiar por su aparente modestia. Los verdaderos sabios no tienen necesidad de mostrar su omnisciencia. Sólo llegan a ser comprendidos cuando ellos mismos permiten que así sea.

# Capítulo 8

## *La lila del ordenador*

Poco después de la gira mundial, mi primo Ron vino a pasar quince días al ashram. Supuso un gran paso para él, pues dejaba una vida de confort para encontrarse con la atmósfera espartana del ashram. Sin embargo, fue más que recompensado con la paz interior que experimentó. Un día lo llevé a visitar la biblioteca del ashram y le sugerí que hiciera una lista alfabética de todas las obras.

"Eso sería muy fácil con un ordenador. ¿Tenéis alguno por aquí?" La pregunta de Ron me pareció muy divertida, era como si se le preguntara a un mendigo si tenía un Rolls Royce. ¿Qué íbamos a hacer con un ordenador? ¿Y de dónde íbamos a sacar el dinero para conseguirlo? Le contesté que no teníamos ordenador y que ni siquiera podía imaginar lo que podríamos hacer si lo tuviéramos.

Ron me dijo: "Podrías registrar todos los libros, ordenarlos alfabéticamente por título, autor o tema, podrías llevar la contabilidad, el trabajo de la oficina o, incluso, publicar vuestros propios libros en inglés." Después se ofreció a comprar un ordenador para el ashram y me pidió que se lo dijera a la Madre para que diera su aprobación. Fui a ver a Amma y le conté nuestra conversación. "¿Qué es un ordenador y qué es lo que puede hacer?", me preguntó. Yo le repetí lo que Ron me había dicho.

"Si le complace regalarnos un ordenador, deja que lo haga, pero ese dinero se podría emplear mejor en la construcción de edificios", contestó Amma. Le expliqué a Ron la primera parte de la frase, omitiendo lo relativo a los trabajos de construcción, para no enfriar su entusiasmo de ofrecer un ordenador al ashram.

Además, había empezado a gustarme aquella idea de tener un ordenador en el ashram. Así, cuando mi propio entusiasmo me llevó a acortar la respuesta de Amma, estaba lejos de imaginar que la compra de ese ordenador señalaría el inicio de un período muy doloroso en mi vida. Hasta entonces siempre había evitado escrupulosamente la tecnología, considerando que ella me distraería de mi vida espiritual. No tenía ninguna intención de aprender a utilizar el ordenador. Cuando fui de nuevo a ver a Amma para preguntarle cuándo podríamos ir a una gran ciudad para comprar el ordenador, no se mostró muy feliz con la petición y nos dijo que fuéramos cuando nos pareciera bien. Era su forma de decir: "Si de todas formas vais a hacer lo que os interesa, no sé para qué me lo preguntáis". Obrar así ante Amma es colocarse en una situación muy peligrosa pues, tal como ya he explicado, ella funciona a nivel intuitivo, no del razonamiento. Si se siguen implícitamente sus instrucciones, nuestros sufrimientos se verán muy atenuados. Pero si se hace conscientemente lo que uno quiere, en contra de sus deseos, entonces uno puede esperar un sinfín de calamidades. Cuando uno elige la vía devocional de entrega a la Voluntad de Dios, se le requiere que obedezca y se entregue a la voluntad del Gurú. Pero a menudo olvidamos, o no hacemos caso, a esa voluntad, debido a nuestra tendencia a hacer aquello que más le satisface a la mente. A causa de esta fuerte tendencia tuve que aprender una amarga, pero provechosa lección.

Al día siguiente, con Ron y otros dos *brahmacharis*, nos dirigimos a la ciudad de Cochín en busca de un ordenador. Acabamos por encontrar uno que nos gustaba e hicimos el pedido, pues no tenían en ese momento más que el de muestra. Dijeron que nos lo servirían al cabo de tres semanas pero que, mientras tanto, nos prestarían su propio ordenador. Así que volvimos al ashram con nuestra nueva herramienta. Ahora teníamos que resolver quién iba a aprender a utilizarlo. Como se necesitaba una mesa de despacho, se instaló el ordenador en mi habitación. Después alguien fue a preguntarle a Amma quién debería aprender. Sugirió el nombre de dos *brahmacharis* que tenían alguna experiencia en informática ya antes de residir en el ashram. Disponían de muy poco tiempo para esta tarea y sólo dedicaban una o dos horas por la noche. En ocasiones, cuando encontraban alguna dificultad, me consultaban pues creían que "tres cabezas eran mejor que dos". Entonces surgió una idea insidiosa en mi mente. "¿Por qué no intento aprender un poco?" Total, el ordenador está en mi habitación y podría ayudarles si supiera algo". Esos eran mis pensamientos.

Una pequeña historia cuenta cómo la simple proximidad de un objeto llegó a aniquilar la *sadhana* de un yogui. Había una vez un sabio que hacía austeridades con tanta intensidad que Indra, el Señor de dioses, temió que algún día le arrebatase su trono en los cielos. Y se dijo: "Debo encontrar el medio para hacer fracasar la práctica de este santo e impedirle que acceda al reino celestial".

Muy pronto se le ocurrió una idea. Disfrazándose de cazador, Indra descendió sobre la tierra armado con un arco y flechas, y se presentó en el ashram del sabio. Después de postrarse reverentemente ante él, le dijo: "Oh *sadhu*, soy cazador y debo emprender un largo viaje a pie. Os estaría muy agradecido, si pudierais guardarme este arco tan pesado y estas flechas hasta mi regreso, pues es una carga inútil".

El hombre santo exclamó: "¿Un arco y unas flechas? Lo siento, pero su simple vista me produciría un gran sufrimiento, puesto que se utilizan para matar animales".

El cazador insistió: "Swami, los colocaré detrás de vuestra cabaña y no los veréis jamás. De esa manera no os molestarán y me veré aliviado de un gran peso. Por favor, prestadme esta gran ayuda".

Compasivos como son todos los *sadhus*, el santo aceptó finalmente la petición del cazador, y el arco y las flechas fueron colocados detrás de la cabaña. Tras despedirse, el cazador se alejó del lugar.

El *rishi* tenía por costumbre dar la vuelta a su vivienda al acabar la meditación, así que cada día veía el arco y las flechas. Después de un tiempo, un día se dijo: "Voy a ver cómo funciona este arco, pues no creo que esto me haga ningún mal". Cogió el arco y disparó una flecha. Se sorprendió al ver lo lejos y rápida que volaba la flecha. Entusiasmado por su destreza, fue incapaz de resistirse a la tentación de practicar un poco más cada día. Al final, encontró tanto placer que él mismo se transformó en cazador. Así, el objeto que ni siquiera quería ver al principio, se convirtió en una fuente de gran placer, y ciertamente en un serio obstáculo para su progreso espiritual.

Sin nadie que me enseñara y sin manuales a mi alcance, empecé a estudiar desde cero, procediendo a tientas. Cualquiera que haya utilizado un ordenador sabe bien que cuando alguna cosa falla, puede deberse a mil razones, y eran muchas las cosas que fallaban. Al ver el interés que tenía por aprender a utilizar el ordenador de esa manera, los otros dos *brahmacharis* dejaron de venir. Cuándo les pregunté por qué no venían más, me contestaron que no tenían tiempo. En cualquier caso, se nos presentaba un problema: se había gastado mucho dinero en este ordenador, del que yo había sido uno de sus instigadores, y ahora nadie quería aprender a utilizarlo. ¿A quién se iba a culpar por esta innecesaria adquisición? Me imaginaba a Amma diciéndome: "¿No te lo había advertido? Está visto que hay que enseñarte con mano dura". Me entró tal pánico que me propuse, vivo o muerto, que una persona del ashram llegaría, al menos, a dominar aquel ordenador. Y esa persona, al final, tuve que ser yo. Evidentemente, esto resultaba más fácil decirlo que hacerlo. Me pasé muchas, muchísimas noches en blanco peleándome con esta máquina diabólica. En innumerables ocasiones estuve a punto de llorar, de lo exasperante que era esta prueba, pero a fuerza de perseverancia e intensa oración, acabé por adquirir cierto dominio. A partir de ahí, mi rendimiento aumentó considerablemente.

Hasta aquel momento, me dedicaba a copiar los casetes de *bhajans* del ashram. En mi habitación, estaban todos los magnetófonos, amontonados unos sobre otros, y funcionaban día y noche, interminablemente, pues la demanda era siempre mayor que la capacidad de producción. Al principio, el ashram no vendía fotos de Amma, ni grabaciones de sus cantos. Cuando un devoto se ofrecía a hacer copias de fotos o de casetes, aceptábamos, y estos artículos eran rápidamente distribuidos de forma gratuita a cualquiera que los pidiera. Pero cuando las peticiones fueron más numerosas y frecuentes, no tuvimos más remedio que vender los casetes y fotos a un módico precio para poder atender todas las peticiones. Con el correr de los años, fue en aumento el flujo de visitantes y también la petición de casetes. Como no podía hacer trabajos pesados debido a mis problemas de espalda, se me asignó la tarea de hacer las copias de los casetes. Estaba de servicio permanentemente. De noche, insertaba los casetes y ponía en marcha las máquinas. Después me acostaba y me adormecía hasta que oía el clic del final de los magnetófonos. Me levantaba, daba la vuelta a los casetes y me adormecía otra media hora hasta el siguiente clic. Así pasé unos cuantos años.

Mi otro trabajo consistía en bombear agua hasta el depósito superior, pues el servicio municipal no distribuía agua más que durante la noche. Teníamos que contar, además, con un depósito subterráneo para recoger el máximo de agua posible por simple gravedad, dada la poca presión con la que llegaba. Era tan baja que apenas impulsaba el agua treinta centímetros sobre el nivel de tierra. Por ese motivo tenía la misión de bombear regularmente el agua hacia el depósito superior para que entrara más agua en el depósito subterráneo. Además del trabajo de grabación de los casetes, dedicaba una hora, de cada tres, al bombeo nocturno del agua. Y ahora también recaía sobre mí el trabajo del ordenador.

Aunque la empresa de ordenadores había prometido entregarnos nuestro pedido en tres semanas, los días y las semanas transcurrían sin que recibiéramos nada. Finalmente, al cabo de seis meses, empezaron a llegar los componentes del ordenador, de uno en uno. Conseguimos completar el ordenador, pero ahí no acababan nuestros problemas. No había pasado todavía una semana, cuando empezaron a averiarse todos los componentes, al mismo ritmo que habían llegado. Una vez reemplazados, el ordenador volvió a funcionar, pero no tardó mucho en volver a repetirse el ciclo de reparaciones y sustitución de piezas. La empresa nos aseguró que no habían visto nunca jamás algo parecido. El resultado de sus prestaciones era siempre excelente y no comprendían qué sucedía en el ashram para que ese ordenador se convirtiera en un rompecabezas, tanto para ellos como para nosotros. No sabía si revelarles lo que suponía que pasaba: que aquel ordenador no contaba con las bendiciones de Amma. Tambien llegué a pensar que quizás ella había maldecido toda la gestión de su compra.

Un día, uno de los técnicos de mantenimiento que había venido para una reparación, expresó su deseo de recibir el *darshan* de Amma. Después de postrarse ante ella, se levantó y Amma le dijo: "Nealu piensa que he lanzado una maldición sobre ese ordenador, pero yo nunca haría tal cosa sobre nada ni nadie. ¿Por qué iba a hacerlo? Las cosas y las personas son autosuficientes para maldecirse a sí mismas". Después de esta conversación, disminuyeron nuestros problemas de ordenador, pero no llegaron a desaparecer por completo.

Cuando nuestro ordenador empezó a funcionar más o menos bien, fue tan demandado que surgió la necesidad de comprar un segundo aparato. Fui a ver a Amma con muchas dudas. Le expliqué que no bastaba con un solo ordenador para hacer todo el trabajo del ashram y que aquella idea no había partido de mí. Ella me dio su conformidad para que fuera a Cochin a comprar otro aparato. A la mañana siguiente, cuando fui a su habitación para decirle que me iba, me preguntó: "¿Adónde vas?" Le recordé que había dado su conformidad para que fuera a Cochín a comprar otro ordenador, pero ahora pretendía no acordarse de nada. A lo largo de los seis meses siguientes, esta situación volvió a repetirse cuatro veces, hasta que decidí no plantear más el tema. Después de todo, había venido al ashram a realizar a Dios, y no a pasar el tiempo preocupándome por estos problemáticos aparatos. En aquel momento decidí dejar de lado todo lo que tuviera que ver con los ordenadores. Debo confesar que esta resolución la tomé y la abandoné más de mil veces por lo menos. Poco a poco vi claramente que Amma había decidido convertirme en el primer hombre, en la historia, que iba a realizar a Dios ante una pantalla de ordenador. En la antigüedad, los aspirantes espirituales solían retirarse a una cueva a meditar hasta que su ego se volvía tan tenue que dejaba transparentar la luz de Dios. Tal vez, en nuestros días, los monjes alcancen la misma pureza de espíritu batallando frente a un teclado.

El Gurú nos ofrece muchas oportunidades para mejorar nuestro grado de entrega y obediencia. No tardó mucho tiempo Amma en darme esa oportunidad. Una mañana descubrí un pequeño furúnculo en uno de mis dedos. Lo rasqué un poco, y se infectó. Fue creciendo de tal manera que llegué a tener la mitad del dedo inflamado y supurando. Lo traté con diversas pomadas y antibióticos, pero sin éxito. Al final, después de diez días de sufrimiento, decidí mostrárselo a la Madre y pedirle consejo, ya que la ciencia médica no me había servido de gran ayuda. Al mismo tiempo, dudaba en plantearle a Amma esta cuestión un tanto prosaica, así que tuve una idea. Envolví mi dedo con un vendaje hasta que alcanzó el tamaño de una pelota de tenis y me fui a su habitación. Tras postrarme, me senté delante de ella. Naturalmente, se dio cuenta de mi vendaje y preguntó, tal como esperaba que hiciera, qué me había pasado. Deshice el vendaje ceremoniosamente y, tras observar la herida, me dijo: "¿Por qué no te pones un poco de polvo de cúrcuma ahí?" Entonces pensé: "¿De cúrcuma? ¿Qué puede hacer el polvo de cúrcuma que no puedan hacer las bombas nucleares de la medicina moderna?"

Pero al instante recordé que nunca deben tomarse a la ligera las palabras de Amma. Abandoné la habitación y fui directamente a la cocina del ashram. Busqué por allí hasta que di con una bolsa de plástico que contenía polvo de cúrcuma, y que se notaba había sido utilizada para cocinar. Al principio pensé: "Lo más probable es que alguien haya metido ahí sus manos sucias y no esté muy limpio para colocarlo sobre la herida". Pero enseguida me di cuenta de que la voluntad de Amma no depende de la limpieza para que ésta se cumpla. Nada más aplicarme la cúrcuma sobre la herida, noté un gran alivio, disminuyó la quemazón y, en menos de una semana, ya estaba curada. Al ver aquel resultado, pensé que había descubierto un nuevo remedio milagroso. Como ayudaba también en el dispensario médico haciendo curas, apliqué el polvo de cúrcuma sobre la primera herida que vi y la cubrí con un vendaje. Cuál no fue mi sorpresa cuando el paciente regresó dos días más tarde con una espléndida infección, ¡incluso peor que la de antes! Al parecer, no era la cúrcuma la que me había curado, sino la voluntad todopoderosa de Amma.

# Capítulo 9

# *Brahmasthanam, morada del Absoluto*

Al poco de regresar del extranjero, Amma decidió construir y consagrar un templo, único en su género, en un pueblo llamado Kodungalur, situado a cuatro horas de camino hacia el norte del ashram. Este tipo de templo se denomina Brahmasthanam (la morada del Absoluto) y posee cuatro puertas, orientadas hacia los cuatro puntos cardinales. La figura instalada en el templo, esculpida en un solo bloque, está compuesta por cuatro caras que representan una divinidad diferente cada una de ellas. Éstas son Shiva, Devi, Ghanesa (el que elimina los obstáculos) y Rahu, que, bajo la forma de una serpiente, representa uno de los planetas que inciden en el destino humano. En la astrología occidental, Rahu corresponde al nodo septentrional de la luna. Los Brahmasthanam, tal como Amma los ha concebido, sirven de refugio indefectible a muchas personas que se ven atrapadas en el torbellino de las maléficas influencias planetarias. La idea le vino cuando examinaba la causa del sufrimiento de miles de personas que acudían a ella en busca de un alivio para sus numerosos e inexplicables males. Amma considera que las posiciones y los movimientos de los planetas y otros cuerpos celestes tienen una influencia directa o indirecta sobre la vida humana. Las influencias maléficas son generalmente creadas por la posición y los movimientos de Saturno, Marte y la sombra de Rahu. Decidió que tenía que haber un medio de contrarrestar sus malas influencias. Por eso instituyó una *puja* en ese templo destinada a neutralizar los efectos adversos de estos planetas y sus períodos de transición.

La efectiva participación en la *puja* realizada en el templo Brahmasthanam garantiza un rápido y positivo resultado a los afligidos. Si se lleva a cabo con sinceridad, con un espíritu abierto, todo acto de adoración produce sus frutos. Las pujas celebradas en los templos Brahmasthanam de Amma, desde su instauración en Kodungalur, son conocidas por sus resultados en la purificación de la atmósfera. Un segundo templo se estableció en el ashram de Madrás. Allí se hizo un ritual de siete días, en mayo de 1990, con más de un millar de participantes, que culminó con la llegada de la lluvia. Una lluvia que era muy necesaria para aliviar la sequía que padecía la región. Para la purificación del espíritu y el desarrollo de las cualidades espirituales no basta con visitar la iglesia o el templo, cumplir con los ritos y volverse a casa. Es necesario hacer alguna práctica espiritual y sentir al Señor en el corazón, a través de una devoción asentada en principios espirituales. Con el fin de conducir a todos hacia la meta, la Madre ha impulsado los templos Brahmasthanam y su particular ritual.

En la antigüedad, eran los grandes maestros los que colocaban las imágenes en los templos. Amma dice: "La colocación de las imágenes sagradas no debe ser llevada a cabo por quienes son incapaces de mantener estable su fuerza vital. Debe ser realizado por aquellos que son capaces de insuflar el *prana shakti* (fuerza vital) a la imagen, con el fin de infundir en ella una presencia viva (*chaitanya*). Únicamente si se realiza por esos sabios, la *chaitanya* de la imagen irá creciendo y aumentando a medida que se realice la *puja* regularmente".

Si se estudia la historia de los templos antiguos, se descubre la perfecta veracidad de las afirmaciones de Amma. Los célebres templos de Tirupati, Venkateswara y Guruvayur Krishna son ejemplos de lugares consagrados por antiguos sabios. Atraen cada año a millones de devotos. Las imágenes que instalaron, aunque aparentemente de piedra, reflejan en realidad el esplendor divino. Están llenas de energía divina y pueden conceder los dones que imploran los devotos. Hay muchas imágenes así en la India.

Algunos podrían preguntarse para qué sirven los templos y las representaciones de la divinidad si la meta de la Auto-Realización es llegar a experimentar el Absoluto, en el que no existe dualidad alguna. A este respecto, Amma dice: "Los que han alcanzado el estado de Realización no dual pueden declarar que nada ha nacido o que ellos no mueren, porque no poseen conciencia del cuerpo. En verdad, ellos no nacen ni mueren. Pero ¿acaso ha alcanzado todo el mundo ese estado de No-Dualidad? ¿No tiene el resto de la gente conciencia del cuerpo? La mayoría está absorta en la vida material, son débiles de espíritu. No tienen conciencia de su Perfección innata y, en consecuencia, esas personas se ven afectadas por la actividad mundana y sufren por ello. Si les aconsejáis el camino del Advaita (no-dualidad), les será difícil ponerlo en práctica, de pronto, y progresar. Podéis decirles: 'Vosotros no sois este cuerpo', pero los que viven en el mundo, conocen sus dificultades. Por mucho que les digáis: 'Vosotros no sois el cuerpo, ni la mente, ni el intelecto', de poco serviría, pues no se corresponde con su propia experiencia. Y aunque lo aceptaran, seguirían inmersos en el mundo y no podrían, de repente, transformarse y experimentarlo en su vida cotidiana. El *Advaita* (no-dualidad) es la Verdad, pero no puede ser recomendado repentinamente. De poco sirve decirle a un niño que llora, porque se ha herido en la mano: 'No llores, solo te has hecho daño en una mano, y tú no eres ese cuerpo'. El niño continuará gritando de dolor. Así ocurre con aquellos que viven en el mundo. Se ven afectados por las conjunciones planetarias y tendrán que soportar el sufrimiento en función de su mal *karma* acumulado.

"Amma conoce a más de diez millones de personas. Hasta los que poseen grandes riquezas, barcos o aviones, han vivido experiencias dolorosas y acuden a ella, como devotos, en busca de paz. Amma sabe hasta qué punto sufren durante las conjunciones planetarias adversas. Estos templos han sido construidos para aliviar el sufrimiento de todas las personas que siguen inmersas en este mundo.

"¿Cuántos tienen hoy verdaderamente fe en Dios? Actualmente, no existe una devoción auténtica hacia los templos en la India. Algunas personas intentan, incluso, destruirlos. Sin embargo, si se les pudiera explicar, de forma convincente, los principios en los que se basa el culto templario, se podría producir un cambio de opinión. Cuando la aproximación se hace mediante el razonamiento, es posible inculcar en los seres humanos la devoción. Por esa razón, Amma ha construido estos templos.

"La esencia de la imagen instalada en Kodungalur es "Unidad en la diversidad y diversidad en la unidad". Cuando se ofrecen diversos materiales al fuego y éstos se consumen, ¿acaso no se convierten en una misma ceniza? De igual manera, en el fuego del conocimiento, la multiplicidad se reduce a la unidad. Vemos la unidad en todos los rostros. El poder divino que reside en todos, es sólo uno. Cuando miramos los ojos, la nariz, los brazos y las piernas de una persona, no vemos una sucesión de órganos diversos, sino una sola forma humana compuesta por todos ellos. Igualmente, aunque cada cuerpo sea una unidad separada, deberíamos ver la identidad del Ser Único que anima todas las cosas. Este es el concepto que se representa por medio de la imagen del templo.

"Pulsando un solo interruptor, se pueden encender tantas bombillas como se quiera. En el templo Brahmasthanam se han enlazado cuatro 'Bombillas' a un mismo 'Interruptor', eso es todo. Una sencilla resolución de Amma ha insuflado energía vital a las cuatro divinidades. Si lo que denominamos 'Energía' es solo una, ¿qué sentido tendría ubicar cada una de las cuatro divinidades en distinto lugar? Por tanto, pueden estar representadas en una sola piedra. También hay que considerar que, emplazarlas en distintos lugares, requeriría mucho más espacio. ¿Acaso no es más importante el concepto en sí que la pregunta sobre cómo o dónde deben ser colocadas?

"Hijos míos, Dios no está en el bloque de piedra, sino en nuestros corazones. Cuando nos limpiamos la cara, miramos en el espejo y nos vemos en él, pero nosotros no somos el espejo. Dios está en todas partes, pero para purificar la mente humana y eliminar la suciedad, necesitamos de un medio, de un concepto. Las imágenes sagradas cumplen esa finalidad. Algunos veneran una montaña como Dios. Lo que importa es el concepto o la actitud de cada uno. Así, este templo y su imagen corresponden a la concepción de Amma. En ella predomina Shiva-Shakti. En la antigüedad, no había templos, pues estaban en el corazón de cada uno. ¿Desde cuando existen? No hace mucho. A fin de hacer progresar a las personas de acuerdo con su naturaleza, los *Mahatmas* han instaurado en cada época distintas formas divinas.

"La naturaleza de Shiva es el estado Absoluto. Sólo el Absoluto (Brahman) tiene la capacidad de eliminar todas las impurezas. Solo Shiva puede tomar sobre sí y absorber las consecuencias nefastas de las malas acciones de todos los seres. Shiva es el filtro que recibe el mal *karma*, tanto de los humanos como de los dioses. Esa es su naturaleza: recibir las impurezas de la humanidad y purificarlas. No importa la cantidad de impurezas que absorba, pues no se ve afectado, y puede por sí solo salvar al mundo. Ganesha es el que elimina los obstáculos. Eliminados los impedimentos, Devi, la Energía Divina (*kundalini shakti*) adormecida en la base de la columna vertebral (*muladhara chakra*), despierta entonces y se despliega bajo la forma de una serpiente que se alza para reunirse con Shiva (el estado sin forma del Absoluto). Este es el principio que sostiene el Brahmasthanam. Amma no pretende que la gente se quede adherida al culto de una imagen, lo que desea es que lleguen a Realizarse."

# Capítulo 10

## *Pruebas de fe*

La segunda gira mundial de Amma se inició en mayo de 1988. Los que el año anterior ya habían tenido la experiencia de su amor divino, se unieron a los que sólo habían oído hablar de ella. En todas partes las salas estaban abarrotadas. En Singapur, una mujer se postró ante ella y, cuando se iba a levantar, Amma le preguntó: "¿Por qué no viniste al día siguiente?" La mujer se quedó al principio sorprendida, y después encantada de alegría. Más tarde nos explicó que el año anterior, cuando fue a ver a Amma, ésta le pidió que regresara al día siguiente; pero, por una causa ineludible, no había podido. Este era el sentido de la pregunta de Amma. La mujer estaba sorprendida de que Amma, que debía haber visto a miles de personas desde entonces, pudiera acordarse de un detalle tan insignificante. Eso la convenció de su naturaleza divina.

No estaría fuera de lugar, evocar aquí los *siddhis* o poderes místicos. Alrededor de Amma se producen muchos milagros. Además, ella da muestras de una clara omnisciencia. Aunque simula no saber nada, para sus devotos no es más que una falsa apariencia. Miles de personas han experimentado su omnisciencia, y otros muchos miles han sentido su gracia salvadora para superar problemas insolubles. Amma no hace ostentación de sus poderes, es mucho más sutil. Sin embargo, no niega que los *Mahatmas* puedan realizar y, de hecho, realicen lo que nosotros denominamos milagros. Cuando se le preguntó sobre la naturaleza de los milagros y los poderes espirituales, contestó:

"Los milagros se suelen atribuir a los dioses vivos. Existe la idea general de que los milagros solo pueden ser realizados por un ser divino, que son un atributo de esos seres. Se cree incluso que si una persona no hace milagros, no puede ser una gran alma, aunque esta persona pueda, de hecho, haber alcanzado la Auto-Realización. Pero lo cierto es que nuestra idea de lo que constituye un milagro puede darse o no darse en presencia de auténticos grandes maestros, pues ellos no le dan ninguna importancia. No tienen nada que perder o ganar haciendo milagros. No les importa la fama, ni desean agradar o desagradar a nadie. Si se produce, está bien, y si no se produce, también. En nuestra época, sin embargo, la fe en Dios depende de los milagros que realice un maestro Auto-Realizado, un dios vivo. También hay, desdichadamente, falsos gurús que explotan a la gente haciéndole creer que obran milagros.

"Cuando se tiene un dominio perfecto de la mente, se domina el universo. Todo, en la creación, está constituido por cinco elementos: fuego, agua, tierra, aire y espacio (éter). Cuando alcanzáis la Auto-Realización, esos cinco elementos están bajo vuestro control, se convierten en vuestros fieles servidores. Si queréis que algo se transforme en montaña, se transformará; o si deseáis crear otro mundo, también podréis hacerlo. Pero para que así suceda, tenéis que alcanzar, realmente, la Auto-Realización. Es posible que algunos logren esa habilidad, incluso antes.

"Una persona puede poseer poderes milagrosos, pero mientras siga sujeta al ego y al sentimiento de 'yo'y 'lo mío', esos poderes serán inútiles porque la naturaleza básica de esa persona seguirá inalterada, y ella misma no puede cambiar o transformar a nadie. Tampoco puede conducir a nadie por el camino de la divinidad.

El que hace un mal uso de sus poderes no puede más que destruir y perjudicar a la sociedad. Al utilizar sus poderes para ir en contra de la ley natural, está preparando el camino de su propia destrucción.

"De hecho, al realizar milagros, se contravienen las leyes de la naturaleza. Ciertamente, un ser Auto-Realizado es libre de hacerlos, porque es uno con la energía cósmica. Solo los hará si es absolutamente necesario, pues preferirá abstenerse siempre que sea posible.

"El parlamento, con la ayuda de expertos, establece la constitución de un país. Los mismos parlamentarios deberán atenerse a las reglas y leyes que ellos han fijado. De forma parecida, los auténticos maestros son los que han fijado las leyes de la naturaleza, pero con el fin de servir de ejemplo. Ellos mismos tienen que atenerse a las reglas, sin sobrepasarlas ni transgredirlas.

"La espiritualidad no sirve para alimentar el ego, sino para deshacerse de él. Nos enseña a trascender el ego. Cualquiera puede desarrollar poderes ocultos realizando ciertas prácticas, tal como se prescriben en las Escrituras. Pero la verdadera realización espiritual va mucho más allá de todo eso. Es el estado en el que uno se vuelve completamente libre de toda esclavitud del cuerpo, la mente y el intelecto. Es la experiencia interior de la Verdad Suprema. Una vez se alcanza este punto final, no se pueden mantener sentimientos negativos como ira, odio o venganza. En ese estado permanecéis en la paz suprema y el amor divino, más allá del tiempo y el espacio. Allí donde estéis irradiaréis ese amor y esa paz. El amor divino, la compasión y la paz que emanen de vosotros transformarán el espíritu de las personas. Un ser así puede transformar a los mortales en inmortales, a los ignorantes en sabios, y al ser humano en Dios. Ese es el auténtico milagro que se produce en presencia de un *Mahatma*.

"Es posible que en presencia de un *Mahatma*, surjan los milagros espontáneamente; no es más que la expresión integral de su existencia. Con una sola mirada o deseo, el Maestro lo transforma todo a su voluntad. Pero, para percibir los verdaderos milagros que se producen alrededor del Maestro, hace falta tener la actitud apropiada y una justa percepción interior.

"Una persona que ha llegado a ser unidad con la Suprema Conciencia, también forma unidad con todo lo creado. Deja de existir únicamente el cuerpo y se convierte en la fuerza vital que brilla en cada partícula de la creación. Es la conciencia que da a todas las cosas su belleza y vitalidad. Es el Ser que permanece inmanente en todo lugar.

"Hay una historia sobre el gran sabio Vedavyasa y su hijo Suka. Ya desde niño, Suka vivía desapegado del mundo. Vedavyasa quería que su hijo se casara y llevara la vida propia de un padre de familia. Pero Suka, que había nacido divinidad, se sentía muy atraído por la vida de renunciante. Un día lo abandonó todo y partió para hacerse *sannyasin*. Cuando Suka se alejaba, Vedavyasa gritó el nombre de su hijo. Fue la naturaleza quien respondió a su llamada: los árboles, las plantas, las montañas, los valles, los pájaros y los animales, todos le respondieron. Pero, ¿qué significado tiene todo este episodio?

"Cuando Vedavyasa llamó a su hijo, fue la naturaleza quien respondió porque Suka era esa Pura Conciencia, que es inmanente en toda la Naturaleza. Vedavyasa llamó a Suka, pero Suka ya no era el cuerpo, ni tenía nombre, ni forma. Estaba más allá del nombre y de la forma. Existía en todo. El cuerpo de todas las criaturas era su propio cuerpo. Estaba en cada cuerpo y, por eso, todos respondieron. Ese es el sentido de esta historia.

"Trascender el ego significa volverse uno con el universo. Os volvéis tan expansivos como el universo. Os sumergís profundamente en sus secretos misterios y realizáis la realidad última, la Suprema Verdad. Os transformáis en el maestro del universo.

"Amma no se ha sentido nunca separada de su Ser real. Resulta, pues, difícil decir en qué momento entra en acción ese poder milagroso. No ha habido un instante en el que Amma no haya vivido su identidad con la fuerza suprema. Desde su nacimiento, Amma sabía que no había nada más que Dios."

En la segunda gira mundial, Amma visitó Inglaterra y Alemania, además de los países en los que ya había estado el año anterior. Un día, en Munich, durante el *darshan* de la mañana, hice un largo paseo. Inesperadamente, llegué a un viejo palacio transformado en museo, que tenía delante un estanque lleno de grandes peces y cisnes blancos. Pensé que a Amma le gustaría verlos y se lo comenté después del *darshan*. Ella parecía una niña pequeña en su anhelo por ver los cisnes, pues se dice en las Escrituras hindúes que hay cisnes en el lago Manasarovar, en el Tibet, cerca del célebre monte Kailash, la morada legendaria del dios Shiva. Según las Escrituras, los cisnes tienen el poder único de separar la leche del agua. Se debe a las secreciones ácidas de su boca, que hacen cuajar la leche, separándola del agua. Simbolizan la facultad de discernimiento entre lo real y lo irreal. ¿Qué es lo que es real y lo que no lo es? Lo que no cambia jamás, que permanece inmutable en el pasado, presente y futuro, eso es real; y todo lo demás, irreal. Esta era la definición que los antiguos daban a la Realidad. Toda la creación es una mezcla de ambas. Las formas son irreales, pero su esencia es real, y ésta lo impregna todo como la leche en el agua. El que llega a discernir dentro de sí mismo aquello que nunca cambia, encontrará la Verdad.

Fuimos al estanque de camino al programa de la tarde, y Amma se dirigió rápidamente hacia los cisnes. Les dio unas migas de pan, que tomaban de sus manos, mientras ella reía y se divertía como una niña.

Amma pasó diez días en los Alpes suizos, a dos horas en coche de Zurich. Durante su estancia, consoló a un devoto que estaba obsesionado con el miedo a la muerte: "Dios te ha dado un aura adecuada. Posee una energía ilimitada, infinita y siempre puede ser cargada. Podemos viajar a cualquier mundo, incluso a un mundo desprovisto de oxígeno. La muerte puede ser transcendida. No naces jamás, ni nunca mueres. Cuando el ventilador, el refrigerador o la bombilla eléctrica se estropean, no desaparecen ni deja de circular la corriente eléctrica. De la misma forma, el Atman existe en ti eternamente. No temas a la muerte y no te inquietes por tu próximo nacimiento".

Otra persona preguntó: "Amma, cada día dedico un tiempo a la meditación, pero no consigo nada de lo que esperaba".

Amma contestó: "Hijo mío, tu mente está enfrascada en demasiados asuntos. Un aspirante espiritual precisa ser disciplinado y mantener una regularidad en su vida. Si haces *sadhana* sin disciplina, ¿cómo vas a obtener algún beneficio? Imagina que tomas aceite de un recipiente para trasvasarlo a otro, y luego a otro, y así sucesivamente; al final, te quedas sin una sola gota. ¿Adónde ha ido a parar el aceite? Se ha quedado en las paredes de todos los recipientes. De forma parecida, si después de la meditación te quedas atrapado en muchos asuntos mundanos, el poder que obtienes por la concentración en un único objeto, se pierde en el laberinto de la diversidad. Cuando llegues a ver la unidad de Dios en los diversos objetos del mundo, no perderás la fuerza que obtienes a través de la meditación".

Un día después del regreso de Amma a la India, llegó un telegrama de París. Era del *brahmachari* francés que había organizado los programas europeos de Amma. Había estado seis años viviendo en el ashram, y las autoridades indias no aceptaron renovar su visado. Cuando le preguntó a Amma qué tenía que hacer, le dijo que fuera a Francia a impartir conferencias sobre espiritualidad. Se sintió, desde luego, muy hundido, pues quería pasar el resto de su vida junto a Amma, al igual que todos nosotros. En esa época nada indicaba que la Madre fuera a hacer algún día la gira mundial. Al menos, nosotros no teníamos la menor idea, aunque ella sabía muy bien que iría a América y a Europa. Todos, incluida Amma, fuimos a la estación a despedir al *brahmachari* llorando. Volvió a París muy abatido, con unos pocos dólares en el bolsillo y sin ningún amigo con quien hablar en Francia. Estaba convencido de que todo se arreglaría, pues en su partida había mediado la voluntad de Amma. Primero estuvo en una iglesia, después pasó unos días en casa de algunos feligreses que encontró allí, dando aquí y allá conferencias sobre Amma y sobre el Vedanta, la filosofía de la No-dualidad. Finalmente, su padre, con el que había tenido poco contacto en el pasado, le ofreció una minúscula habitación sin calefacción, en lo alto de un inmueble de su propiedad. Y empezó a viajar por Francia, Inglaterra, Austria, Alemania, Suiza, Bélgica, e Italia dando conferencias en cada lugar. Hacía cerca de ocho mil kilómetros al mes. Cuando se propuso la gira americana de Amma, los devotos europeos expresaron también el deseo de recibir su visita, y él se encargó de llevar a cabo todos los preparativos. A causa de su vida trepidante y sus constantes viajes se vio afectada su salud, y acabó desarrollando glaucoma en ambos ojos. En su telegrama a Amma, escribía: "Los médicos dicen que puedo perder la vista por el glaucoma. No tengo dinero para el tratamiento. Que sea la voluntad de la Madre". Tras la lectura del telegrama, los ojos de Amma se llenaron de lágrimas, se levantó y se fue a un rincón del ashram para estar sola. Permaneció en meditación un cierto tiempo, después llamó a un *brahmachari* y le pidió que fuera a la ciudad más cercana, con teléfono directo, y telefoneara al *brahmachari* que estaba en Francia para decirle que no se preocupara, que iba a recibir el dinero. Cuando volvió al cabo de seis horas, una vez hecha la llamada telefónica, el *brahmachari* le dijo a Amma que el *brahmachari* francés acababa de regresar de la consulta médica, que lo habían examinado tres médicos, y no uno, y no habían encontrado el menor rastro de glaucoma. Los médicos lo consideraron como un milagro, pero el *brahmachari* francés sabía la verdad, que Amma había intervenido.

Un verdadero Gurú somete la fe de su discípulo a duras pruebas cuando su relación alcanza un cierto nivel. No lo hace por crueldad, sino únicamente para darle al discípulo la oportunidad de desarrollar una fe perfecta, para extinguir todo su mal *karma* pasado y, finalmente, liberarlo del ciclo de nacimientos y muertes. La vida espiritual no es para tomársela a broma, y sólo aquellos que están dispuestos a morir por la Realización de Dios, deberían entregarse plenamente. Hay que tener presente que cuanto más se profundiza, más se le pide al discípulo. Hay muchos relatos en la literatura universal sobre las pruebas que los Gurús han puesto a sus discípulos.

En una de estas historias se habla de un devoto, que era rico terrateniente y poseía todo un pueblo. Su práctica devocional consistía en venerar la tumba de un santo. Pero un día, al escuchar el *satsang* de un Gurú, se sintió tan profundamente impresionado que decidió pedirle la iniciación.

Aunque el Gurú era un ser omnisciente, le preguntó a quién estaba venerando en aquel momento, y el devoto le dio el nombre del santo. A continuación, el Gurú le hizo la siguiente promesa: "Te iniciaré una vez regreses a tu casa y desmanteles la sala de pujas". El devoto volvió a su casa tan rápido como pudo y destruyó toda la sala sin dejar en pie un solo ladrillo. Un grupo de personas, que se había agrupado para observarlo, le previnieron solemnemente: "Hermano, tendrás que pagar muy cara la profanación de esta sala sagrada. No nos gustaría estar en tu piel".

El hombre contestó con gran audacia: "Lo he hecho de buena gana y estoy dispuesto a sufrir todas las consecuencias". Cuando volvió a su Gurú, este le concedió la iniciación.

Pero estaba destinado a tener que superar todavía más pruebas. Poco tiempo después murió su caballo y a continuación algunos de sus novillos. Los ladrones le robaron sus bienes. Entonces la gente empezó a mofarse de él, diciendo: "Este es el resultado de tu falta de respeto hacia el santo que venerabas. Deberías reconstruir el templo en tu casa". Pero nada de eso le afectaba. Él contestaba: "No me importa lo que suceda. Mi Gurú es omnisciente y sabe lo que es mejor para mí. Por eso, nada hará tambalear mi fe".

Pero las desgracias se sucedían, y bien pronto no fue más que un indigente que, incluso, debía dinero a muchas personas. Un día le exigieron que devolviese el dinero de inmediato, diciéndole: "O nos pagas o ya puedes abandonar el pueblo ahora mismo". Muchos de sus amigos le suplicaron: "Te bastaría con reconstruir el templo para que las cosas te fueran mejor". Pero el devoto se obstinó y prefirió dejar el pueblo. Con su esposa e hija, tomaron las pocas posesiones que les quedaban y se fueron a otro pueblo. Como en otros tiempos había sido un rico terrateniente, no había aprendido nunca un oficio. Pero ahora necesitaba ganar dinero, y se puso a cortar y vender hierba.

Así pasaron muchos meses, hasta que un día el Gurú le envió una carta por medio de uno de sus discípulos. A este discípulo el Gurú le había dicho: "Sobre todo, no olvides exigirle veinte rupias de ofrenda antes de entregarle la carta. Si no te paga, vuelve otra vez con la carta". El devoto estaba encantado de recibir la carta, pero no tenía dinero para pagar la ofrenda. Pidió consejo a su esposa, y ésta le dijo: "Voy a coger mis joyas y las de mi hija y se las venderé a un joyero". Éste ofreció exactamente veinte rupias, que entregaron al discípulo. El devoto recibió su carta, la besó y la apretó contra su pecho. En ese momento, alcanzó el *samadhi*.

Pero el Gurú deseó someterlo a nuevas pruebas, así que dijo a uno de sus discípulos: "Pídele que venga a mi ashram". El devoto y su familia marcharon rápidamente al ashram y se instalaron allí. Se pusieron a trabajar en la cocina, fregando platos y cortando madera. Al cabo de unos días, el Gurú preguntó: "¿Dónde come el nuevo devoto?" "Come con todos nosotros y coge la comida de la cocina", contestó uno de los discípulos. "Me parece –contestó el Gurú– que no está haciendo un auténtico servicio. Si lo hiciera, no esperaría nada a cambio. Nos está cobrando su salario en forma de alimento".

Cuando el devoto se enteró por su esposa de este comentario, dijo: "No quiero nada a cambio del servicio a mi Gurú bienamado, quien me ha dado la inestimable joya de mi *mantra*. Conseguiremos la comida por otros medios". A partir de ese día fue al bosque todas las noches para cortar madera y después la vendía en el mercado. Con los ingresos que obtenía, compraba la comida. Durante el día, él y su esposa continuaron trabajando en la cocina.

Algún tiempo después, cuando estaba en el bosque cortando madera, se inició una gran tormenta. El viento era tan fuerte que el hombre y su carga se vieron arrastrados, y cayeron en un pozo. El Gurú, que era consciente de todo, llamó a algunos discípulos y les pidió que tomaran una tabla de madera y cuerdas, y le siguieran.

Cuando llegaron al bosque, el Gurú dijo: "Está en el fondo de ese pozo. Llamadle y decidle que vamos a enviarle una tabla enganchada a una cuerda. Que se enganche a la tabla y nosotros le subiremos" También añadió unas palabras, en privado, a uno de los discípulos, al que tenía que gritar dentro del pozo.

Después de dar algunas voces, el discípulo dijo: "Hermano, mira en qué estado te encuentras. Y todo por la forma en que te ha tratado el Gurú. ¿Por qué no te olvidas de un Gurú que te hace sufrir de este modo?" El devoto replicó "¿Cómo? ¿Olvidar a mi

Gurú bienamado? ¡Eso nunca!" "En cuanto a ti, ingrato, nunca más hables tan irrespetuosamente del Gurú en mi presencia. Es toda una agonía oír palabras tan vergonzosas".

Entonces le rogaron que se agarrase a la tabla, pero él insistió en que saliese primero la madera. "Está destinada a la cocina del Gurú y temo que se moje y no pueda arder", declaró. Finalmente, salió del pozo y se encontró frente al *Satgurú*, quien le dijo:

"Hermano, has sufrido numerosas pruebas y las has afrontado todas con valor, fe y devoción hacia el *Satgurú*. Por favor, pídeme algún regalo o bendición, pues te lo has ganado, y me sentiría muy feliz concediéndotelo.

En ese momento, el devoto se puso de rodillas ante su maestro bienamado y, con el rostro lleno de lágrimas, exclamó: "¿Qué otra gracia puedo desear que no sea tu sola presencia? Ninguna otra cosa podría interesarme más".

Al oír aquellas palabras que brotaban del corazón, el Gurú lo abrazó y le dijo:

"Eres el hijo querido de tu Gurú,
   *Y el Gurú es tú único amor.*
   *Desde ahora, al igual que el Gurú.*
   *Serás el navío que lleve a buen puerto*
   *A los que transitan por el océano*
   *De la vida y la muerte".*

A finales de aquel año, mi primo Ron consideró que ya había vivido bastante en el mundo y liquidó todos sus negocios. Desde su encuentro con Amma, había mantenido el celibato y practicado continua *sadhana*. En la última ocasión que estuvo con Amma, se disponía a firmar un contrato para dar una dimensión internacional a su empresa. Cuando se lo consultó a Amma, ella le respondió que si estaba realmente interesado por su evolución espiritual, era mejor que no se involucrara en los negocios más de lo que ya estaba. Era tal su fe en ella que no firmó el contrato, dejando pasar una oportunidad sobre la que no habría dudado ningún otro hombre de negocios. Al final, liquidó todos sus negocios y compró un magnífico terreno en las colinas situadas al sudeste de San Francisco. En aquel lugar se estableció el ashram americano de Amma, el Mata Amritanandamayi Center.

Fue por aquella época cuando una mujer de Parippally fue a ver a Amma para proponerle la venta de su orfanato. Estaba situado a unas dos horas de camino, al sur del ashram de Amritapuri, y pasaba por una época de grandes apuros económicos. Aquella mujer apenas podía mantener la institución, y los pequeños que vivían allí soportaban muchas penalidades. Amma no respondió inmediatamente a esta propuesta, pues quería estudiar a fondo la situación. Se comprobó que el orfanato estaba efectivamente muy endeudado y que hacía falta mucho dinero para sacarlo adelante. Los edificios estaban completamente ruinosos y no tenían lavabos ni cuartos de baño para los más de cuatrocientos niños que vivían allí. Se lavaban junto al pozo y dejaban que las aguas residuales volvieran al pozo, provocando así numerosos casos de disentería. Para hacer sus necesidades corporales iban a cualquier rincón al aire libre. Su alimentación consistía en bolitas hervidas de harina de trigo con un poco de sal. Todo aquello era un espectáculo desolador, y por esa razón Amma decidió finalmente asumir la responsabilidad del orfanato.

Durante la siguiente gira mundial de Amma, el orfanato fue completamente restaurado con lavabos y duchas adecuadas, y se instaló un sistema de aprovisionamiento regular de agua limpia. A los niños se les facilitó una alimentación equilibrada y se les inculcó el sentido de la higiene y la disciplina, gracias a la presencia de un grupo de ashramitas que se instalaron allí. Éstos les enseñaron cuidados básicos de la salud, posturas yóguicas, meditación y cantos devocionales. El orfanato contaba con una escuela de sánscrito en desuso, que también fue adquirida. Con el tiempo, sus alumnos empezaron a cosechar los primeros premios en numerosos concursos estatales. Más adelante se añadieron nuevas actividades extracurriculares como deporte, música, diseño y teatro supervisadas por *brahmacharis* y *brahmacharinis*.

# Capítulo 11

# *La Liberación de un gran devoto*

O ttur Unni Nambudiripad era un célebre poeta, un especialista en sánscrito y un devoto de Amma. Era una autoridad en el estudio del *Srimad Bhagavatam*. Los poemas de Ottur dedicados a la gloria de Krishna se aclaman y se aprecian en todas partes. Se le otorgaron numerosos títulos y premios por su inspirada poesía. Se encontró por vez primera con la Madre en 1983, con motivo de celebrarse el treinta aniversario de Amma, al que había acudido tras oír hablar de ella por una de sus devotas. Ottur, que tenía en aquella época ochenta y cinco años, se volvió como un niño de dos años en sus relaciones con Amma. La veía como la encarnación de su bienamada deidad, el Señor Krishna, y también como la Madre Divina. Decidió pasar el resto de su vida en presencia de Amma y empezó a componerle poemas.

Amma dio a Ottur el sobrenombre de "Unni Kanna" (el niño Krishna), por su actitud infantil hacia ella. Algunas veces se le oía gritar desde su habitación: "¡Amma! ¡Amma!" a pleno pulmón, cuando deseaba verla. Si Amma pasaba por allí, iba a verlo. Aunque sufría mucho a causa de su avanzada edad, los momentos que pasó en compañía de Amma le hicieron olvidar sus dificultades físicas.

Después de encontrarse con Amma, Ottur escribió la siguiente canción:

*¡Oh, Madre!*
*Tú eres la encarnación*
*De Krishna y Kali*
*¡Oh, Madre!*
*Tú santificas los mundos*
*Con tu sonrisa y canto,*
*Con tu mirada, tu caricia*
*Y con tu danza,*
*Con tu dulce palabra,*
*El contacto de tus Pies Sagrados*
*Y el néctar de tu Amor.*

*¡Oh, Madre!*
*Enredadera celeste*
*Que, con alegría y abundancia,*
*Concedes todos los purushartas*
*Desde el dharma hasta moksha*
*A todos los seres animados e inanimados,*
*Desde el Señor Brahma hasta la brizna de hierba.*

*¡Oh, Madre!*
*Que asombras a los tres mundos*
*Inundando a todos los seres humanos,*
*A las abejas y a los pájaros,*
*A los gusanos y a los árboles,*
*Con las olas turbulentas de tu Amor.*

Ottur solo tenía un deseo. Cada vez que recibía el *darshan* de la Madre, su única plegaria era: "Amma haz que, en mi último suspiro, repose mi cabeza sobre tus rodillas. No deseo nada más, solo te pido eso. ¡Oh Madre, déjame expirar con mi cabeza sobre tus rodillas!" Cada vez que veía a Amma, le hacía esta petición.

Poco después de encontrarse con Amma, Ottur se convirtió en residente permanente del ashram. Tenía la costumbre de decir: "Desde ahora, sé que Dios no me ha abandonado, pues vivo en su presencia y recibo su amor divino. Antes, me sentía profundamente decepcionado por no haber encontrado al señor Krishna ni a ningún gran santo... pero, ahora ya no me siento así, pues creo que Amma es todos ellos".

Poco antes de la tercera gira mundial de Amma, en 1989, se agravó el estado de salud de Ottur. Se sentía más débil y veía cada vez menos. Su bien conocida plegaria de morir en los brazos de Amma se hizo constante. Cuando ya apenas veía, le dijo a Amma: "Si Amma quiere dejarme sin la visión exterior, me conformo. Pero, ¡oh, Divina Madre de los cielos!, bendice a tu siervo eliminando su ceguera interior y abriendo su ojo interior. Te lo suplico, no rechaces la oración de este niño".

A esa petición, Amma respondía con amor: "Unni Kanna, ¡no temas nada! Así será. ¿Cómo va a rechazar Amma tu inocente plegaria?"

Ottur no tenía miedo a la muerte, solo temía morir mientras Amma estuviera en el extranjero. Expresó su temor a Amma diciéndole: "Amma, sé que estás en todas partes y que tu regazo es tan infinito como el universo. Sin embargo, rezo para que estés físicamente presente cuando abandone mi cuerpo. Si muero durante tu ausencia, no se cumplirá mi deseo de expirar en tus brazos".

Amma lo acarició afectuosamente y le dijo con gran firmeza: "¡No, hijo mío, Unni Kanna, eso no ocurrirá! Puedes estar seguro de que no abandonarás tu cuerpo hasta que Amma regrese". Aquellas palabras fueron de gran consuelo para Ottur. Como esta seguridad procedía directamente de los labios de Amma,

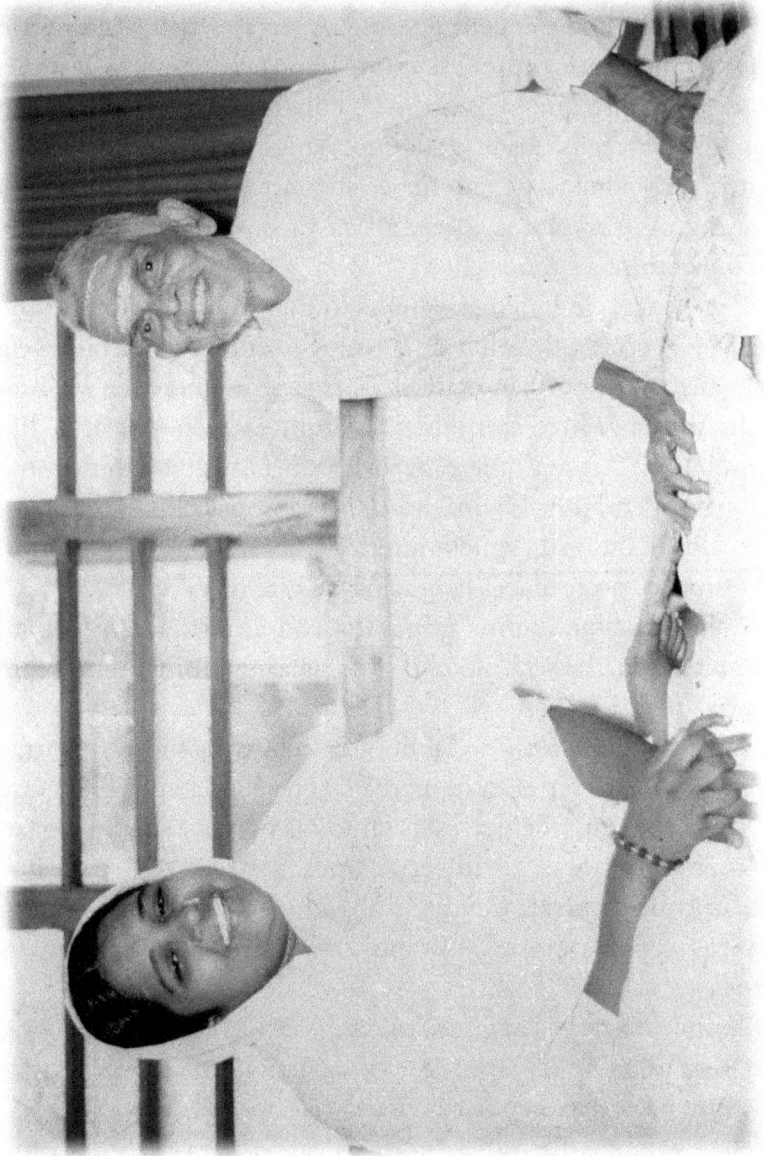

Amma con Ottur Unni Nambudiripad

Ottur tuvo la convicción de que la muerte no le llegaría antes de su regreso.

En agosto, después de tres meses de gira, Amma volvió al ashram. En su ausencia, Ottur fue atendido por un médico ayurveda, en cuya casa residía. Amma le dijo que volviera al ashram, pues estaba próxima la hora de abandonar su cuerpo.

Una noche, después del *Devi Bhava*, Amma se dirigió a la habitación de Ottur. Se encontraba muy débil, pero se alegró al verla. Llorando como un niño pequeño, rezaba: "¡Oh Amma, Madre del Universo, llévame hacia ti! Te lo suplico, ¡llévame ya!" Amma le acariciaba la cabeza y le masajeaba el pecho y la frente para reconfortarle.

Alguien le había regalado a Amma un colchón nuevo, y ella quiso que Ottur lo utilizara. Trajeron el colchón a la habitación y, mientras lo colocaban sobre la cama, Amma levantó el cuerpo débil de Ottur y lo sostuvo en sus brazos, como una madre llevando a su bebé. Al ver aquel gesto compasivo de Amma, Ottur, exclamó: ¡Oh Amma, Madre del Universo! ¿Por qué derramas tanto amor y compasión sobre este niño indigno? ¡Oh, Amma, Amma, Amma...!"

La Madre lo dejó tiernamente sobre la cama y le murmuró: "Unni Kanna, hijo, duerme bien. Amma regresará mañana por la mañana".

"Oh Amma, haz que duerma el sueño eterno", respondió Ottur.

Esa noche, el poeta dictó su última canción.

*Después de tratarme, esperando mi cura,*
*Los médicos aceptan su derrota.*
*Toda mi familia está abatida.*
*Oh Amma, deja que descanse en tu regazo*
*Con tierno amor*
*Sálvame y no me abandones nunca.*

*¡Oh Saradamadi, Oh Sudhamani,*
*Oh Madre Divina!*
*Tómame tiernamente en tu regazo*
*Que en tu rostro se revele la luna de Ambadi*
*Y no tardes en concederme la inmortalidad.*

*Que tu dulce rostro revele al Tío Luna,*
*El hijo de Nanda*
*Y toma al pequeño Kanna en tu regazo.*
*¡Oh Madre, mécelo para que duerma!*

A las siete de la mañana siguiente, Amma pidió que viniera Narayanan, el sobrino de Ottur. Cuando llegó, le dijo que su tío iba a abandonar el cuerpo en unas pocas horas. Después le dijo que preguntase a Ottur si deseaba que la cremación de sus restos mortales se hiciera en el ashram o en el lugar de su nacimiento. Narayanan volvió a la habitación y explicó a su tío las palabras de Amma. Aunque su voz era muy débil, Ottur contestó claramente, acompañando sus palabras con un gesto enfático: "Reposaré aquí, sobre esta tierra sagrada. No hay ningún otro lugar".

Hacia las diez, Ottur pidió a una *brahmacharini* que estaba a su lado, que fuera a llamar a Amma. Salió de la habitación mientras los labios de Ottur repetían constantemente "Amma, Amma, Amma...." Durante esta recitación, Ottur se sumergió en un estado próximo al *samadhi*.

En aquel momento, Amma estaba en su habitación. Nada más ver a la *brahmacharini*, le dijo: "Dentro de unos minutos, Ottur abandonará su cuerpo, pero todavía no ha llegado la hora para que Amma esté presente. Ahora tiene su mente completamente centrada en Amma. La intensidad de este pensamiento culminará en un estado de *layana* (absorción). Cuando eso se produzca, Amma irá a verlo. Si acudiera antes, disminuiría la intensidad de su concentración". Instantes más tarde, se levantó y se dirigió a la habitación de Ottur. Entró sonriente y se sentó en la cama, junto a Ottur. Con el rostro iluminado de beatitud, se quedó mirándolo, como si le dijera: "Ven, hijo mío. Mi bienamado Unni Kanna, ven y fúndete en mí, en tu Madre Eterna". Tal como Amma había predicho momentos antes en su habitación, Ottur se encontraba en un estado de absorción. Aunque estaba en *samadhi*, sus ojos permanecían entreabiertos. Su rostro no mostraba ningún signo de sufrimiento o de lucha. Todos podían ver lo apacible y absorto que estaba. Amma se acercó lentamente a su cabeza, la levantó dulcemente y la puso sobre su regazo. E igual que una madre sostiene la cabeza de su hijo en su regazo, Amma acarició con su mano derecha el pecho de Ottur y miró fijamente su rostro.

Mientras descansaba en su regazo, Amma tocó dulcemente sus párpados, que se cerraron para siempre. Ottur abandonó su cuerpo y su alma se fundió en Amma por toda la eternidad. Ella se inclinó y le dio un beso lleno de amor sobre su frente.

Veinticinco años antes de que naciera Amma, Ottur escribió este poema:

¿Cuándo oiré resonar
*Los auspiciosos nombres de Krishna?*
*¿Cuándo su vibración*
*Erizará mi pelo*
*Y me dejará inmerso en lágrimas?*

*Una vez inmerso en lágrimas,*
*¿Cuándo alcanzaré la pureza?*
*Y en ese estado de absoluta pureza,*
*¿Cuándo cantaré*
*Espontáneamente sus nombres?*

*Y una vez que cante en éxtasis,*
*¿Cuándo olvidaré la tierra y el cielo?*

*Y olvidado de todo,*
*¿Cuándo danzaré por pura devoción*
*Y mientras esté danzando,*
*¿Cuándo barrerán mis pasos*
*Los defectos de este mundo?*

*Cuando en esta divertida danza*
*Ya no haya más defectos,*
*Lanzaré un grito poderoso*
*Y, por medio de ese grito,*
*¿Se proclamará mi pureza*
*En todas direcciones?*

*Una vez concluida la danza,*
*¿Cuándo caeré al fin*
*En el regazo de mi Madre?*
*Y apoyado en su regazo,*
*¿Cuándo dormiré lleno de gozo?*

*Y mientras duerma,*
*¿Cuándo soñaré*
*Con la maravillosa forma de Sri Krishna*
*Que mora en mi corazón?*
*Y mientras despierte,*
*¿Cuándo veré a Sri Krishna,*
*El que encanta al mundo?*

Ahora se veían cumplidos los deseos expresados en este poema, gracias a la siempre compasiva Madre del Universo.

Amma pasó todo el día sentada junto al cuerpo de Ottur, mientras se recitaba, una y otra vez, el *Bhagavad Gita*. Por la noche, los *brahmacharis* llevaron su cuerpo detrás del ashram y procedieron a su cremación, siempre bajo la mirada de Amma. ¡Qué privilegio! ¡Ojalá todos tengamos ese bendito final!

# Capítulo 12

# *Los votos de renuncia*

En el mes de octubre del mismo año, en una atmósfera solemne de devoción y alegría, generada por el recitado de *mantras* védicos y una *puja*, uno de los hijos de Amma recibió la iniciación en *sannyasa*. Se trataba de uno de los primeros discípulos de Amma, conocido como Balu cuando llegó al ashram en 1979 y que, más tarde, se convirtió en *Brahmachari* Amritatma Chaitanya. Tras iniciarlo solemnemente en *sannyasa*, Amma le dio el nombre de Swami Amritaswarupananda Puri. Otro *sannyasin*, devoto de Amma y conocido como Swami Dhruvananda, celebró la tradicional ceremonia del fuego y se encargó de los otros rituales. Los ritos de iniciación empezaron la noche anterior. Amma estuvo presente durante toda la ceremonia, derramando su bendición y dispensando consejos y enseñanzas. La ceremonia concluyó al día siguiente, coincidiendo con la llegada del alba.

Dirigiéndose a los devotos que estaban allí, Amma dijo: "Hoy, Amma se siente feliz porque puede destinar a uno de sus hijos a trabajar por el bien del mundo. Hace once años que Balu llegó al ashram, tras completar su licenciatura. En aquella época, había *Krishna Bhava*, seguido de *Devi Bhava*. Una tarde, durante el *Krishna Bhava*, Amma oyó a alguien cantar. Súbitamente, se sintió atraída por el canto. Aunque había oído cantar a muchas personas, cuando oyó aquella voz, se dijo: 'Aquí tenemos a un *loka putra* (un hijo consagrado al mundo entero), este es solo un *loka putra*'.

"Si bien Amma había visto mentalmente al que cantaba, quiso observarlo con sus propios ojos. Cuando este hijo entró en el templo para recibir el *darshan*, Amma le preguntó: 'Hijo, ¿por qué has venido? ¿Vienes para saber si has aprobado tus exámenes? Hijo, Amma está loca.' Sus primeras palabras fueron: 'Dame un poco de esa locura'. Amma no inicia a nadie tan fácilmente, pero la mente de Amma susurró que este hijo podría recibir la iniciación aquel mismo día.

"A partir de entonces, vino casi todos los días de *darshan*. Su familia no dejaba de protestar. Como su madre había muerto cuando era niño, su padre era quien más protestaba. Su abuela era la que más lo amaba y le solía dar, cada mes, cien rupias. Un día fue a buscar el dinero y su abuela le preguntó: ¿Vas a ir a ver a esa mujerzuela de Vallickavu?' Le entró tal rabia y angustia que no quiso permanecer allí más tiempo. '¿Cómo ha podido llamar mujerzuela a mi Madre?' Devolvió el dinero y abandonó al momento aquella casa.

"Aquel mismo día, Amma fue a hacer una *puja* a la casa de un devoto y lo encontró allí llorando. Cuando le preguntó: 'Hijo mío, ¿por qué lloras?', contestó: 'Mi abuela ha tratado a Amma de mujerzuela. Desde entonces, no necesito su dinero ni su amor'. Amma le dijo: 'Hijo, tu abuela no sabe nada de Amma y por eso habla así. Debes, por tanto, seguir amándola y perdonarla'.

"Más tarde, este hijo empezó a vender sus pantalones y sus camisas cuando vio que el dinero escaseaba en el ashram. A su familia no le gustaba este comportamiento. Este hijo, además de vencer las dificultades que encontraba en su hogar, también tuvo que hacer frente, cuando venía al ashram, a la oposición y a los malos tratos que recibía de Sugunanandan Acchan (el padre de Amma) y de los aldeanos.

Amma bendiciendo a Swami Amritaswarupananda
después de su iniciación en sannyasa

"Un día, mientras estaba comiendo, Sugunanandan le tiró el plato de sus manos y lo regañó. Otro día, los aldeanos lo insultaron y lo amenazaron cerrándole el paso. Ni incluso entonces cambió un ápice su actitud. No tenía más que un pensamiento: 'Amma, Amma.' A pesar de la oposición de su familia, no dejaba de visitar el ashram. A veces, después de marcharse del ashram para ir a su casa, se detenía a mitad de camino y regresaba en el siguiente autobús.

"En aquella época, durante el *Devi Bhava*, había en el templo un platillo para las limosnas. Las Escrituras dicen: 'Se debería vivir renunciando a la vergüenza y al orgullo.' El platillo de las limosnas apenas se podía ver a no ser que uno se fijara en él. Amma tenía la determinación de no pedir nada a nadie y así no podrían pensar que recibía por dinero. El dinero depositado en el platillo apenas cubría las necesidades del templo. Como Amma no tenía ningún otro dinero para cuidar a sus hijos que acudían al ashram, iba a mendigar a las casas vecinas. Lo que recibía le permitía alimentar a sus hijos y a sí misma.

"Cuando Nealu vino a vivir aquí, dijo que él proveería al ashram de todo lo necesario, pero a Amma no le pareció bien y continuó mendigando. Amma no aceptó su dinero hasta que Nealu dio su palabra de que amaría a todos por igual. Y lo aceptó cuando él consideró al ashram y a sus otros hermanos como propios.

"Otros hijos vinieron a vivir al ashram en una época en la que ni siquiera teníamos para una comida diaria. Sin embargo, no sintieron dificultad alguna. A falta de un lugar dónde dormir, se cobijaban en los cocoteros hasta el alba. Así crecieron, soportando esas grandes penalidades.

"Amritatma se comportaba como si Amma fuera su madre biológica. Nunca tuvo la sensación de que aquel lugar fuera un ashram o vio a Amma como su Gurú. Más bien, sentía que

189

aquella era su casa. Y, como si fuera su madre biológica, mostraba hacia Amma un gran afecto y trato familiar. Aunque Amma lo reprendiera con severidad, mantenía su actitud afectuosa. Si Amma veía que su actitud se debilitaba, entonces lo sometía a prueba. Así pidió a varias jóvenes que entablaran amistad con él. A continuación, Amma observaba su pensamiento, para saber si se había sentido fascinado o conmovido por aquellas situaciones. Pero él venía y explicaba abiertamente a Amma todo lo que le decían sobre cualquier tema, sin mostrar fascinación alguna.

"Un día, sin que Amma lo viera, escribió: 'Soy el esclavo de Amma'. Ella fue a verlo y le dijo: 'Hijo mío, Amma tiene un deseo. Ya sabes que nuestro ashram conoce la pobreza y el sufrimiento, y tiene dificultades para acoger a otros cuatro hijos, que querrían residir aquí como *brahmacharis*. Ellos desean servir al mundo y tú deberías sacrificarte por Amma, yendo a trabajar al Golfo Pérsico. Podrías ganar, al menos, dos o tres mil rupias y con ese dinero se podría atender a los nuevos *brahmacharis*'. Súbitamente, su humor cambió y pensó: '¿Para eso he venido aquí y he dejado el trabajo que tenía? Mi idea era hacerme *sannyasin*. ¿Acaso no dijo ella misma que Dios protegería a aquel que lo abandonase todo por Él? Y ahora me dice que debo ir a Persia'. En realidad, lo que quería Amma era someterlo a prueba. Entonces le dijo: 'Hijo mío, ¿qué has escrito hace un momento? Si tu devoción fuera tan grande, no deberías pensarlo dos veces cuando Amma te pidiera algo. No has alcanzado todavía el nivel suficiente para hablar de tal renuncia. Si tu renuncia fuera total, habrías partido en el mismo momento en que te lo he pedido. Esa es la devoción que se da entre el discípulo y su Gurú. No has escrito más que vanas palabras. Hijo mío, deberías poner más atención en cada palabra que digas o escribas'.

"Cuando acabó sus estudios de Filosofía, este hijo no hacía más que pensar: 'Si Dios está en cada uno de nosotros, ¿por qué tenemos que practicar *sadhana*? Se aislaba y se ponía a filosofar. Amma vio lo que le pasaba y le envió una carta: "Querido hijo, al final de esta carta, Amma ha incluido la palabra "azúcar". Si lames esa palabra sobre el papel y notas un sabor a azúcar, no tardes en avisar a Amma". Él se preguntó '¿Se me endulzaría la boca, si lamiese esa palabra? ¿Por qué me ha escrito Amma esto?' Entonces Amma fue a su encuentro y le dijo: 'Hijo mío, dices que eres Brahman y que Dios está en ti. Si grabas esas palabras en un casete y pasas la grabación, el casete también dirá 'Yo soy Brahman'. ¿Qué diferencia hay entre tú y el casete? No basta con repetir lo que has aprendido. El sabor del azúcar debe ser experimentado, y de nada sirve expresarlo con palabras. Ninguna experiencia se puede obtener sólo con palabras. Dios es experiencia. Ahora no eres más que una semilla, no un árbol'.

"Desde el día en que llegó al ashram hasta aquella noche, cada día ha sido una prueba para Amritatma. Por la gracia de Dios, ha salido vencedor. Ha sido castigado por pequeñas tonterías. Muchas veces Amma le ha hecho dar la vuelta al ashram con una toalla sobre los ojos para que se avergonzara de algo. Sin embargo, cuanto más reprende una madre a su hijo, más se sujeta éste a su madre. Sin su madre, ¿adónde va a ir? No hay otro mundo para un niño si se le priva de su madre. Cuanto más lo aleje, más se agarrará a ella. Al verlo desconsolado, la madre tomará al niño en su regazo y le cantará una canción de cuna. Así es la relación Gurú – discípulo.

"Amma llegó a reprender severamente a Amritatma y a acusarle de errores que no había cometido. Incluso lo apartó de Amma sin ningún motivo aparente. Pero este hijo permanecía sentado en silencio, sin decir una sola palabra, y sin moverse del lugar donde se encontraba. Cuando, al final, Amma le preguntaba: 'Hijo mío, ¿por qué permaneces ahí impasible, sin decir nada?' Él contestaba: 'Mi Madre no puede enfadarse conmigo, pues no puede dejarme de amar; es tan mía como yo soy de ella. Es una bendición, una gracia que me concede para liberarme de mi ego. Amma, por favor, bendíceme siempre así'.

"Amma sabe que no es bueno elogiar a alguien en su presencia para no inflar su ego. Pero no teme hacerlo en el caso de Amritatma, ya que, si se produjera, ella estaría cerca para aplastar su ego, y Amritatma lo sabe muy bien. Sobre esta cuestión, a Amma le gustaría contar algunas anécdotas.

"Muchas veces Amritatma ha prevenido a Amma de acontecimientos que iban a suceder. Un día que volvíamos de Madrás al ashram en furgoneta, Amritatma dijo de repente: 'Amma, el vehículo va a perder una rueda. Pídele a Pai que se detenga.' Amma se lo pidió en voz alta, pero éste contestó que se detendría cuando encontrase una sombra. Un instante después, una de las ruedas se soltó. Antes de que Pai pudiera controlar el vehículo, éste se salió violentamente de la carretera, se hundió en la arena y se detuvo gracias a un mojón kilométrico. Sin la arena y el indicador, se habría caído en la zanja, al costado de la carretera. Afortunadamente, no ocurrió nada grave.

"Hijos, como ya sabéis, ha sido Amritatma el que ha puesto música a la mayoría de nuestras canciones y también ha escrito algunas. Por otra parte, no hace nada sin pedirle permiso primero a Amma, ya se trate de cosas tan insignificantes como cortarse el pelo o comprarse unas sandalias. Una vez perdió sus sandalias, y cada vez que pedía permiso para comprarse unas nuevas, Ella no le decía nada. Así pasaron seis meses, e iba siempre con los pies descalzos. Al final, un día, Amma le dio la autorización. El Gurú observa sin cesar al discípulo cuando lo reprende o le acusa de faltas que no ha cometido. A la vista de estas experiencias, Amma tiene la convicción de que ese hijo saldrá adelante.

"Ahora que el ha recibido *sannyasa*, se convierte en hijo del mundo. Por tanto, deja de ser mi hijo. Hoy el Señor me ha concedido la gran fortuna de dedicar un hijo al mundo. En esta ocasión, Amma recuerda a los padres de este hijo y les rinde también tributo. Hijos, rogad todos por él, rogad para que adquiera más fuerza. A partir de ahora, deja de ser Amritatma Chaitanya, y se convierte en Amritaswarupananda Puri. Amma, que no es una *sannyasin*, no ha querido darle el *sannyasa* contraviniendo las Escrituras tradicionales. Por tanto, se le otorga dentro de la orden de los 'Puri', por parte de otro *sannyasin*. Muchos le han preguntado a Amma si no podía haberle dado ella misma el *sannyasa*, pero la Madre nunca alterará la tradición de los antiguos sabios, ni actuará en contra de la tradición. Amma deseaba que un humilde devoto entregara a Amritatma la vestimenta ocre pues, de otro modo, se desarrollaría en él el ego que se autoproclama: 'Yo soy Brahman, yo soy perfecto'. No surgirán esos pensamientos si es un devoto el que le entrega la vestimenta. Amma quería que el *sannyasa* lo entregara un Swami de la Orden de Ramakrishna. Hace tiempo, Amma anunció que un Swami de esa Orden, que es un devoto, se presentaría aquí llegado el momento. Y ha sido ahora cuando el Swami Dhruvananda ha venido. Su Gurú fue un discípulo directo de Sri Ramakrishna. Ha venido y ha celebrado la ceremonia del fuego.

"Ayer, este hijo llevó a cabo todos los ritos funerarios, por él mismo y por su familia. Se despidió de sus padres y celebró los ritos que se hacen cuando uno muere. Abandonó toda clase de ataduras. Desde entonces, es vuestro hijo, el hijo del mundo. Se han eliminado todas las obligaciones que uno tiene hacia los árboles, los arbustos, las plantas, los animales, los pájaros y todas las demás criaturas. Ha hecho la ceremonia del fuego rezando: 'Haz que me vuelva hacia el interior, llévame hacia el esplendor espiritual, la brillantez, llévame hacia la luz'. Aceptó la vestimenta ocre que simboliza el sacrificio de su propio cuerpo al fuego y se le otorgó el nombre de Amritaswarupananda. Realmente, hoy es un buen día, hijos míos. Rezad todos: 'Señor, concede a este hijo la fuerza para que traiga a todos paz y serenidad. Haz que sea un benefactor del mundo'.

"Cada respiración de un *sannyasin* debería dedicarse al bien de los demás. Se dice que ni siquiera debería respirar por su propio bien. Todo el cuerpo ha sido sacrificado en el fuego del conocimiento. Ocre es el color del fuego. Ahora, su naturaleza es el Ser y todos somos ese Ser eterno. Debería ver a todos bajo la forma de Devi o la de Dios. A través de estos seres humanos, se debería servir a Dios. Ahora él no tiene un Dios en particular. Este hijo tendría que servir a los demás viéndolos como Dios. El resto de su vida lo dedicará a servirlos. Eso es lo que debe hacer a partir de ahora; vivir dedicando su vida a ellos, que son, ciertamente, expresiones de Dios. Este hijo no tendrá una tarea o penitencia más alta que esa. Le basta con eso, servir a los demás viéndolos como Dios. La compasión hacia los pobres y los necesitados es nuestro deber hacia Dios. Sin eso, ningún acto de penitencia que hagamos daría su fruto. Solo se logra la perfección a través de las acciones que realizamos pensando en Dios.

"Sin pasaporte, no nos autorizan a salir de un país. Si deseamos el pasaporte de la Realización, necesitamos servir a los demás. No se puede obtener nada sin pasaporte. Amma concede ahora mucha importancia al servicio. Con cada respiración pensáis en 'Amma, Amma'. Por esa razón, Amma tiene la convicción de que podéis servir a los demás viéndolos como Dios. Hijos, rezad ahora dos minutos por este hijo. Si bien, ya no es un hijo, sino Swami Amritaswarupananda. '¡Oh, Dios!', procura que no perjudique a nadie en este mundo. Que no cometa injurias contra la gran tradición de los *sannyasa*. Que tenga la ecuanimidad de ver a Dios en todos y de servirlos desinteresadamente'."

# Capítulo 13

## *Estoy siempre contigo*

Cuando se empezó a hablar de la tercera gira mundial de Amma, me encontré ante un dilema. No quería abandonar la India, pero tampoco quería estar separado de Amma durante tres largos meses. Le consulté a Amma qué debía hacer y ella me aconsejó que me quedara. Me dijo que, puesto que había pedido la nacionalidad india, era mejor que permaneciera allí por si el Gobierno de la India me requería para formalizar algún trámite. Decidí, pues, quedarme y, tal como Amma había previsto, recibí efectivamente una carta del Gobierno pidiéndome algunas aclaraciones sobre mis actividades anteriores. Durante aquellos meses, visité a menudo el orfanato para ver cómo avanzaba el trabajo. Uno de los *brahmacharis* que vivía allí reunió un día a los niños y les explicó un cuento de prisioneros. Cuando les explicaba que sólo recibían como alimento unas gachas de harina, apenas cocidas, uno de los niños se levantó y dijo: "Swami, eso no pasa solo en los cuentos, antes de que llegara Amma nos daban esa comida. Nos la dieron muchos años y siempre teníamos dolores de estómago e indigestión. Por primera vez en nuestra vida, tenemos buena comida y un buen lugar dónde vivir". Las palabras de aquel niño me conmovieron profundamente, y pensé que aquella era una razón más que suficiente para que Amma asumiera el orfanato.

El Centro Mata Amritanandamayi de San Ramón, California, USA

Al año siguiente decidí seguir a Amma en su gira, en lugar de permanecer en el ashram. Sin embargo, aquella idea me parecía imposible, pues no tenía dinero para pagar el viaje. No me necesitaban durante la gira y no podía esperar que el ashram pagase mi billete de avión. En cuanto a mi madre física, no era probable que me pagara el viaje si no iba a tener tiempo para estar con ella. Pero sucedió que, dos meses antes de la gira de 1990, sufrí de repente una hernia discal Los médicos me recomendaron reposo completo. Cuando se enteraron de mi situación los devotos del ashram americano, sugirieron que fuera para seguir el tratamiento en los Estados Unidos. Amma también juzgó que era la mejor solución y mi madre se ofreció a pagarme el viaje. Así, después de un mes de reposo, viajé a San Francisco. Me examinaron varios médicos y decidieron que una operación podría aliviar en parte mi dolor. Quise esperar hasta la llegada de Amma, y no fui operado hasta principios de junio. Aunque la intervención no me proporcionó un gran alivio, pude acompañar a Amma durante toda la gira hasta Boston. Entonces me pidió que me quedara en el ashram americano todo el tiempo que pudiera, para dar cursos sobre Escrituras hindúes y *satsangs* sobre sus enseñanzas. Ella consideraba que los residentes del ashram americano necesitaban cierto apoyo espiritual. Cuando le pregunté cuánto tiempo iba a permanecer allí, me contestó: "tanto como puedas".

Amma voló hacia Londres y yo volví a San Francisco. En el vuelo de regreso, todas las luces de a bordo se pusieron a parpadear y los conductos de ventilación a arrojar aire de una forma incontrolada. Parecía como si el sistema eléctrico del avión tuviera alguna avería. Así estuvimos una hora. Entonces me dije: "Amma, ¿va a ser este el final del camino, lejos de ti?" "¿Por eso me has dejado aquí?" Cerré los ojos y me puse a repetir mi *mantra*, intentando abandonarme a la voluntad de Dios. A la llegada a San Francisco, el problema técnico se había solucionado por sí solo.

Estuve en el ashram hasta que Amma regresó en mayo del año siguiente. Daba cursos durante la semana y *satsangs* los sábados, trabajaba en la revista trimestral y en los preparativos de la gira, y me reunía con los devotos. Me mantenía ocupado todo el día. No sentía demasiado la ausencia de Amma pues estaba completamente consagrado a su servicio. Siempre comprobé que, aunque la presencia física de Amma es una ayuda poderosa cuando se trata de concentrarse o purificar el espíritu, el hecho de servirla me aportaba también mucha energía y felicidad.

Algunos de nosotros seguimos una práctica espiritual pero no nos parece que avancemos, incluso después de mucho tiempo. La razón no siempre resulta evidente, aunque nos parezca que somos muy sinceros. Sobre esta cuestión, resulta muy edificante una conversación que Amma mantuvo, en su quinta gira mundial, con un joven cuando iba de camino al ashram de California.

El joven le preguntó: "Se dice que un aspirante espiritual debería observar estrictamente ciertas reglas que aparecen en las Escrituras. ¿Realmente hay que hacerlo así?"

Amma contestó: "En la actualidad, estamos sujetos a las leyes de la Naturaleza, y por tanto tenemos que mantener las reglas si queremos progresar espiritualmente. Eso es inevitable hasta que no alcancemos un cierto nivel en nuestra *sadhana*. En el estado en el que la Naturaleza se transforma en nuestra servidora, las reglas ya no son más necesarias, pues no se perderá energía espiritual, aunque no las sigamos. Pero hasta que no llegue ese momento, son necesarias.

"Por ejemplo, cuando plantamos una semilla, la cubrimos con una red para protegerla de los pájaros. De otro modo, las semillas serían devoradas o los brotes destruidos, y nada crecería. Una vez se haya transformado en un gran árbol, podrá resguardar a los pájaros, conceder su protección a los seres humanos, e incluso a los elefantes. De forma parecida, cuando hayamos descubierto la fuerza latente que hay en nosotros, las reglas que sirven para protegernos ya no serán necesarias."

El joven preguntó de nuevo: "¿Es necesario ser regular y constante en la práctica espiritual para que eso se produzca?"

"Sí, –respondió Amma– deberíamos amar la regularidad y la constancia tanto como amamos a Dios. Aquel que ama a Dios también ama la disciplina. Nosotros deberíamos amar primero la disciplina y la regularidad para llegar, así, a amar a Dios.

"Los que suelen tomar té o café a una hora fija, se sienten alterados o les duele la cabeza si no lo toman a la hora acostumbrada. Los drogadictos agonizan si no consiguen su dosis habitual. Estos hábitos les empuja a repetir cada día, a una determinada hora, la misma acción. De esa manera, practicando una acción con regularidad, desarrollamos un hábito. En el caso de la *sadhana*, eso nos resultará beneficioso, pues nos veremos impulsados a hacer nuestra *sadhana* a una hora fija".

El joven dijo entonces:" Yo practico *sadhana*, pero no veo ningún beneficio".

Amma lo miró con una sonrisa llena de compasión, y le preguntó: "Hijo mío, ¿verdad que te enfureces fácilmente?"

"Sí, –respondió él– ¿pero qué tiene que ver que me enfurezca con mi *sadhana*?"

Amma le dijo: "Si una persona practica *sadhana* pero no se desprende de la ira y el orgullo, no obtendrá ningún beneficio. Hijo mío, por un lado, amontonas un poquito de azúcar y, por el otro, dejas entrar las hormigas. Lo que ganas mediante *sadhana*, lo pierdes por la ira. Sin embargo, no eres consciente de esa pérdida. Si pulsamos el interruptor de una linterna diez veces seguidas, se gastará la pila. De igual forma, cuando nos encolerizamos, se escapa toda nuestra energía por los ojos, los oídos, la nariz, la boca y todos los poros de la piel. A causa del orgullo y la ira, se disipa nuestra energía; pero si mantenemos nuestra mente bajo control, conservaremos lo que hayamos ganado".

El joven preguntó de nuevo: "Eso quiere decir que los que se encolerizan, ¿son incapaces de experimentar el gozo que se consigue a través de la *sadhana*?"

Amma contestó: "Hijo mío, imagina que sacamos agua de un pozo con un cubo lleno de agujeros. El agua se irá por los agujeros antes de que el cubo llegue a lo alto del pozo. Así es tu *sadhana*, como ese cubo. Si se practica *sadhana* con una mente repleta de deseos e ira, se irá perdiendo todo lo que se consiga. Por ese motivo, no vemos ningún beneficio, ni somos capaces de sentir la serenidad o llegar a comprender la grandeza de la *sadhana*. Deberías sentarte primero en un lugar solitario para calmar tu mente, y después llevar a cabo tu práctica espiritual. Mantén a distancia la ira y los deseos, y alcanzarás la fuente de energía inagotable y la felicidad."

Poco después de acabar la octava gira mundial, en agosto de 1994, Amma decidió continuar con la tradición de conceder *sannyasa* a sus discípulos. Seis hombres y dos mujeres recibieron las vestimentas ocres. Entre ellos, Ramakrishna (Swami Ramakrishnananda), Rao (Swami Amritatmananda), Srikumar (Swami Purnamritananda), Venu (Swami Pranavamritananda), Satyatma (Swami Amritagitananda) y Lila (Swamini Atmaprana). La atmósfera del ashram había evolucionado mucho desde los primeros tiempos. Seguíamos siendo una gran familia, pero ahora había mayor seriedad en todo lo relacionado con la vida espiritual. A los swamis se les encargó la dirección de diversos ashrams y se pidió a los residentes del ashram de Amritapuri que mantuvieran un alto nivel de disciplina espiritual. Se organizaron cursos regulares de Vedanta y muchos residentes recibieron la iniciación y se comprometieron a observar los votos de *brahmacharia* (el celibato). El ashram ya no lo formaban aquellas tres o cuatro personas que vivían con Amma al principio. Se había expandido de tal manera que ahora albergaba a unos cuatrocientos residentes permanentes.

Así es como se desarrollan los verdaderos ashrams. No se construyen según un plan, sino que "surgen" alrededor de un *mahatma*. Esos son los verdaderos lugares santos de la tierra. Las vibraciones del sabio que vive en un ashram impregnan toda la atmósfera. Si añadís las buenas vibraciones de todos los devotos y discípulos que hacen *sadhana*, obtendréis un entorno altamente propicio para una vida espiritual. Cuando Amma está físicamente ausente, tambien se nota en el ashram de Amritapuri una atmósfera de paz intensa. Esas vibraciones nunca se disiparán mientras haya en ese lugar aspirantes que busquen a Dios. Así es como surgen los lugares santos.

Después que Amma concedió el *sannyasa* a estos discípulos, me preguntó si yo también estaba dispuesto a aceptarlo. ¿Quién era yo para adoptar tal decisión? Aunque llevaba una vida de renuncia desde hacia veintiséis años, no me había planteado llegar a ser un *sannyasin*. Mi único deseo era realizar a Dios. Y sin embargo, posiblemente por el bien del mundo y para aumentar mi propio desapego, Amma quería que aceptase el hábito ocre. Por su pregunta era evidente lo que esperaba de mí. Contesté "sí", sin dudar. Entonces me dijo que la próxima vez que yo volviera a la India organizaría la ceremonia, puesto que en ese momento me encontraba todavía en América.

Amma me había pedido que volviera a la India una vez cada dos años. No era sólo por el placer de estar en el ashram, sino porque Amma consideraba que era necesario para mi pureza mental, y tenía que ir a "recargar mis pilas" cada cierto tiempo. Aunque el ashram americano también se había transformado en un lugar santo, impregnado de la cultura espiritual de la India, tenía necesidad de volverme a sumergir en la atmósfera hindú de forma regular. En América, la ausencia de una tradición común

Amma con Swami Paramatmananda
después de la ceremonia de iniciación en *sannyasa*

hace que sea más difícil mantener una vida espiritual, pues los ideales de la sociedad occidental se fundamentan, más bien, en el confort, el placer y la supremacía del intelecto humano, y no en el auto-control, la acción correcta y la devoción a Dios. Si uno entra completamente vestido de blanco en una mina de carbón, no podrá evitar salir manchado por mucho cuidado que tenga. Después de haber pasado más de la mitad de mi vida inmerso en la cultura tradicional de la India, la encontraba propicia para mi evolución espiritual. Tras haber vivido en Estados Unidos, de forma más o menos permanente, me parecía sensato ir, regularmente, algún tiempo a la India.

La ceremonia de *sannyasa* tuvo lugar a finales de agosto de 1995. El primer día tenía lugar la ceremonia de rasurar la cabeza y la celebración de nuestros propios ritos funerarios junto al océano. A las tres de la madrugada del día siguiente, se inició la ceremonia del fuego, que fue dirigida por Swami Amritaswarupananda. Debido a mis continuos problemas de espalda y del sistema digestivo, sufría enormemente. Era incapaz de permanecer sentado durante largas horas. Sin embargo, decidí, tal como ya había hecho muchas veces en mi vida, que lo haría ya fuera "vivo o muerto".

Amma llegó a la ceremonia del fuego hacia las seis de la mañana. Aunque yo no hacía ninguna mueca, enseguida se dio cuenta de que estaba sufriendo. Se volvió hacia mí, y me dijo: "Será solo una hora". Éramos cinco los que íbamos a recibir el *sannyasa*, y eso requería más de dos o tres horas. Al final, Amma nos puso nuestros nuevos hábitos ocres, nos bendijo y nos pidió que fuéramos al océano a terminar la ceremonia allí. De regreso al ashram, mendigamos nuestro alimento a los devotos y estuvimos de nuevo un tiempo con Amma. Al verme, me sonrió y dijo: "¿Acabaste muerto? ¡Pobre muchacho!" "No, Amma —contesté— pero la prueba de hoy ha consumido una buena parte de mi mal *karma* anterior". Al oír estas palabras, Amma se puso a reír. Habría deseado haber permanecido sentado allí con total gozo como los demás, en lugar de verme afectado por el sufrimiento que tuve que aguantar. Lo tomé como una nueva oportunidad para practicar el desapego del cuerpo. Amma me dio el nombre de Swami Paramatmananda. También recibieron *sannyasa* aquel mismo día Unnikrishnan (Swami Turiyamritananda), Damu (Swami Prajnamritananda) Unnikrishnadas (Swami Jnanamritananda) y Saumya (Swamini Krishnamritaprana).

Cada día solía pasear cerca de la residencia de Amma pues era el lugar más tranquilo del ashram. La mayoría de los otros lugares estaban normalmente llenos de gente, pero cerca de su residencia no había apenas nadie, pues procurábamos que no la molestaran demasiado. Un día, cuando caminaba por allí meditando, Amma bajó las escaleras. Se dirigía al templo para cantar los *bhajans* previos al *Devi Bhava*. Estaba a unos treinta metros de Amma cuando la divisé. Habitualmente camina muy deprisa cuando va de un lugar a otro, pero esta vez se detuvo y me miró. Yo no tenía intención alguna de acercarme, sabiendo que tenía prisa, pero sentí un intenso deseo de acercarme a ella, con el corazón desbordante de amor. Ella se quedó allí esperando y yo me apresuré para caer a sus pies. Me sonrió y dijo: "Hijo, ¿por qué no cantas esta noche durante el *darshan*?" Le contesté: "De acuerdo, Madre". En realidad, había estado pensando que no lo había hecho porque muchas otras personas querían cantar. Sentía que sería egoísta por mi parte privarles de su oportunidad de cantar ante Amma. La evidencia de la poderosa omnisciencia de Amma y su poder de atraerme, se grabaron una vez más en mi mente.

Poco después, empezó a preguntarme cuándo regresaría a los Estados Unidos. Sólo hacía unas pocas semanas que estaba en la India y me parecía que no había ninguna prisa. Procuré explicárselo a Amma procurando no faltarle el respeto, y me contestó. "Está bien, vete cuando quieras". Pero durante las tres semanas siguientes, no dejó de preguntarme cuándo me iría. Estaba muy claro que mi trabajo estaba en América. Parecía como si Amma deseara que me olvidara por completo de mi propia felicidad, y de que sirviera en una forma totalmente desinteresada.

Una mañana fui a su habitación para pasar un rato en su presencia. Cuando empezó a tratar el tema de mi regreso a América, le dije: "Madre, he pasado cerca de seis años alejado de ti. ¿Por qué tengo que vivir a doce mil millas mientras tú, la misma Madre Divina, representas aquí el drama divino? Y ahora, después de una estancia tan breve, ¿tengo que partir? ¿Es ese el futuro que me aguarda?

Amma me miró intensamente, con unos ojos brillantes llenos de gracia divina. Me respondió con estas palabras: "Hijo mío, has venido a mí con el fin de realizar a Dios. ¿Acaso no tenemos que mantener la mente fija en Dios, allí donde nos encontremos en este mundo? Nunca pienses que la Gracia de Amma no está contigo. Tú nunca estás lejos de ella. Recuerda siempre que, allí donde vayas en este universo, ahora o incluso después de la muerte, Amma estará eternamente a tu lado".

Al oír las palabras de Amma, mi corazón se llenó de emoción pensando en su divinidad y en su amor eterno. No pude decir nada más. Me postré a sus pies y me fui triste con la idea de la inminente separación física, pero lleno de fe porque sabía que Amma estaría siempre conmigo y que, en el momento oportuno, me despertaría de esa oscura pesadilla de nacimiento, muerte y renacimiento para guiarme hacia el brillante sol del Auto-Conocimiento.

# Glosario

ADVAITA – Filosofía de la no-dualidad que afirma que solo existe una Única Realidad.

ARUNACHALA – Montaña sagrada situada en el sur de la India. Está considerada como la manifestación concreta del dios Shiva.

ATMAN – El Ser.

AVADHUTA - El sabio que ha trascendido todas las reglas y las normas de la sociedad, gracias a su realización de la Unidad.

AVATAR – Una encarnación de Dios.

AYURVEDA – La ciencia hindú de larga vida. Antiguo sistema holístico de medicina y salud.

BHAGAVAD GITA – (Literalmente: La canción del Señor.) Se trata de un diálogo entre Sri Krishna y su devoto Arjuna.

BHAJAN – Canto devocional.

BRAHMA – La realidad absoluta, más allá de nombres y formas.

BRAHMA SUTRAS – Breve tratado filosófico sobre la Realidad Absoluta, cuyo autor es Védavyasa.

BRAHMACHARI o BRAHMACHARINI – Discípulo o discípula célibe que sigue una disciplina espiritual y es guiado/a y entrenado/a por un Maestro.

BRAHMÍN - Una de las cuatro castas.

BRINDAVAN – La villa en la que creció el Señor Krishna.

CHAITANYA – La conciencia.

DARSHAN – Audiencia con un santo o su visión.

DIPAM – La fiesta de la luz que se celebra en diciembre de cada año, en Arunachala.

DEVI – Diosa o Divina Madre.

DEVI BHAVA – Estado de identificación con la Diosa o Madre Divina.

DEVI MAHATMYAM – Obra poética que celebra la grandeza de Devi.

DHARMA – La rectitud.

DHOTI – Prenda que los hombres envuelven alrededor de su cintura.

GANESHA – Hijo de Shiva; deidad que elimina los obstáculos.

GOPI(S) – Jóvenes pastoras devotas de Sri Krishna.

GRAHASTHASHRAMA – El estadio de la vida en que se es responsable de la familia.

GRAHASTHASHRAMI – Padre de familia.

GURÚ – Guía espiritual.

GURUKULA – Una escuela dirigida por un Gurú.

JAPA – La repetición de un *mantra*.

JIVANMUKTA – Un alma liberada mientras que el cuerpo físico está vivo.

JIVATMAN – Alma individual.

KABIR – Santo que vivió en el siglo XVI en el norte de la India.

KALARI – Santuario.

KALI BHAVA – Estado de identificación con la diosa Kali.

KANYAKUMARI –Cabo Comorín, en el extremo sur de la India.

KARMA – Acción.

KARMA YOGA – La práctica que consiste en realizar las acciones como ofrendas a Dios, sin estar apegado a sus frutos.

KRISHNA – Una encarnación de Dios que vivió en la India hace unos 5.000 años.

KRISHNA BHAVA – Estado de identificación con Krishna.

KUNDALINI SHAKTI - El poder espiritual adormecido en la base de la columna vertebral que puede ser despertado gracias a la práctica espiritual.

LAKSHYA BODHA – Una mente concentrada en la meta espiritual

LAYANA – Absorción.

LILA – Juego o representación Divino.

LINGAM – Uno de los símbolos del dios Shiva.

LOKA PUTRA – Hijo del mundo.

MAHATMA – Un gran alma.

MANTRA JAPA – La repetición de un *mantra* o de sílabas sagradas.

MUDRA – Gesto sagrado ejecutado con las manos.

MULADHARA CHAKRA – El centro espiritual en la base de la columna vertebral.

NAGA – Divinidad en forma de serpiente.

PARASHAKTI – La energía suprema.

PARVATI – Consorte del dios Shiva.

PRANA SHAKTI – La fuerza vital.

PRASAD – Ofrenda consagrada o bendecida.

PUJA – Ritual de adoración.

RASA LILA – Danza extática de las *gopis* y Krishna.

SADHANA – Práctica espiritual.

SAHAJA SAMADHI – Estado natural de absorción en el Ser.

SAMADHI – Absorción de la mente en la Realidad.

SANNYASA – Voto de renuncia formal.

*SANNYASI* – Aquel que observa el voto de *sannyasa*.

SÁNSCRITO – Lengua de la antigua India.

SATGURÚ – Maestro Realizado.

SATSANG – Compañía de un santo.

SHAKTI – Energía.

SHIVA – Aspecto destructor de la Trinidad hinduista.

SIDDHI – Poder espiritual o psíquico.

SRIMAD BHAGAVATAM – Narración de la vida de Sri Krishna.

SUKA – Un muchacho sabio de la antigua India que narraba el Srimad Bhagavatam.

TAPAS – Penitencia o austeridad.

TIRUVANNAMALAI – Ciudad santa al sureste de la India, situada a los pies del Arunachala.

UPANISHADS – Textos escritos al final de los Vedas que versan sobre la filosofía de la no- dualidad.

VASANA – Hábitos o impresiones residuales de actos realizados en el pasado.

VEDAVYASA – Autor del Srimad Bhagavatam, del Mahabharata, de los Brama Sutras y de otros antiguos textos.

VÉDICO – Perteneciente a los Vedas, a los textos de revelación del hinduismo.

VISHNU – El aspecto de la trinidad que preserva la Creación.

YOGA SUTRAS DE PATANJALI – Obra filosófica que describe las ocho partes del yoga.

YOGA VASISHTA – Obra antigua que trata de la filosofía del Vedanta.

www.ingramcontent.com/pod-product-compliance
Lightning Source LLC
LaVergne TN
LVHW051731080426
835511LV00018B/2990